FRANCISCO CANTÚ

LA LÍNEA SE CONVIERTE EN RÍO

Francisco Cantú se desempeñó como agente de la Patrulla Fronteriza de los Estados Unidos desde 2008 hasta 2012, trabajando en los desiertos de Arizona, Nuevo México y Texas. Ex-becario de Fulbright, ha recibido un Premio Pushcart y un Premio Whiting 2017. Sus escritos y traducciones han aparecido en *Best American Essays*, *Harper's*, n+1, *Orion* y *Guernica*, así como en *This American Life*. Vive en Tucson.

LA LÍNEA SE CONVIERTE EN RÍO

LA LÍNEA SE CONVIERTE EN RÍO

Una crónica de la frontera

FRANCISCO CANTÚ

Traducción de Fernanda Melchor

VINTAGE ESPAÑOL
Una división de Penguin Random House LLC
Nueva York

PRIMERA EDICIÓN VINTAGE ESPAÑOL, ABRIL 2018

Copyright de la traducción © 2018 por Fernanda Melchor

Todos los derechos reservados. Publicado en los Estados Unidos de América
por Vintage Español, una división de Penguin Random House LLC, Nueva York,
y distribuido en Canadá por Random House of Canada, una división de Penguin
Random House Canada Limited, Toronto. Originalmente publicado en inglés
en los Estados Unidos como *The Line Becomes a River* por Riverhead
Books, una división de Penguin Random House LLC, Nueva York.
Copyright © 2018 por Francisco Cantú. Esta edición fue publicada
simultáneamente en México en 2018 por Penguin Random
House Grupo Editorial, México, D.F.

Vintage es una marca registrada y Vintage Español
y su colofón son marcas de Penguin Random House LLC.

Información de catalogación de publicaciones disponible
en la Biblioteca del Congreso de los Estados Unidos.

Vintage Español ISBN en tapa blanda: 978-0-525-56402-7

Para venta exclusiva en EE.UU., Canadá, Puerto Rico y Filipinas.

www.vintageespanol.com

Impreso en los Estados Unidos de América

10 9 8 7 6 5 4 3 2 1

Varios fragmentos de este libro, en distintas versiones, fueron publicados originalmente en *Edible Baja Arizona, Guernica, Orion, Ploughshares, J Journal: New Writing on Justice* y *South Loop Review.*

Agradecemos a la editorial Les Figues Press por su autorización para citar fragmentos del poema *Antígona González* de Sara Uribe.

La presente obra es una memoria, una historia real basada en los recuerdos del autor a lo largo de distintos momentos de su vida. Los nombres y características de algunas de las personas mencionadas han sido modificados para proteger su privacidad. En algunos casos, el autor ha combinado a varios personajes secundarios en uno solo, ha ordenado y/o comprimido eventos y períodos de tiempo con fines narrativos y ha recreado ciertos diálogos según el recuerdo que conserva de las conversaciones sostenidas.

A mi madre y mi abuelo,
por haberme dado la vida y un nombre;
y a todos aquellos que arriesgan sus almas
al cruzar o patrullar una frontera antinatural.

PRÓLOGO

Mi madre y yo cruzamos la llanura en dirección al este, conduciendo por el vasto fondo de un mar antiquísimo. Habíamos venido al oeste de Texas a pasar el Día de Acción de Gracias en el parque nacional donde mi madre trabajó como guardia forestal, durante la misma época en que yo empecé a formar mis primeros recuerdos infantiles: imágenes de gargantas boscosas y montañas pétreas que emergían de la tierra; el sonido del viento restallando a través de la sierra baja del desierto; el calor del sol abatiéndose sobre una interminable extensión de maleza.

Al acercarnos a la Sierra de Guadalupe pasamos por una salina y le pedí a mi madre que detuviera el coche. Ella se estacionó en el arcén y los dos descendimos y avanzamos juntos por aquel suelo resquebrajado. Nos detuvimos para contemplar la cordillera que se extendía hacia norte, los imponentes vestigios de un arrecife formado durante el periodo Pérmico y alguna vez sumergido bajo las aguas continentales de la Pangea. El viento helado de noviembre embestía nuestros cuerpos como una lenta corriente de agua. Me agaché para tocar el suelo y arranqué un trozo de aquella costra blanca y la deshice entre mis dedos. Los llevé a la punta de mi lengua y alcé la mirada hacia mi madre. Sabe a sal, le dije.

Ya en el parque, mi madre y yo aguardamos en el centro de visitantes mientras una mujer uniformada, plantada detrás del mostrador de la recepción, atendía a una pareja de visitantes y les explicaba pacientemente las tarifas de acampada y las distintas rutas de excursión. Cuando la pareja se alejó del mostrador, la mujer nos vio y una enorme sonrisa iluminó su rostro. Se apresuró a llegar hasta donde estábamos y extendió los brazos para abrazar a mi madre. Luego dio un paso hacia atrás y me miró con incredulidad. Ay, mijo, la última vez que te vi eras de este tamaño. Bajó su mano a la altura de sus rodillas. ¿Siguen viviendo en Arizona?, nos preguntó. Sólo mi mamá, respondí, yo me fui a estudiar a Washington. Los ojos de la mujer se abrieron como platos. ¿A la capital? Asentí. Qué impresionante. ¿Y qué estás estudiando? Relaciones internacionales, contesté. Está estudiando la frontera, añadió mi madre. De regreso vamos a quedarnos unos días en El Paso, para que pueda visitar Ciudad Juárez.

La mujer meneó la cabeza. Tengan mucho cuidado, nos dijo. Juárez es muy peligroso. Se me quedó viendo con los brazos en jarras y luego apoyó una mano sobre mi hombro. ¿Sabes? Todavía me acuerdo cuando te cuidaba de chamaquito. Bajó la mirada para observar mis zapatos. En ese entonces todo lo que querías era ser vaquero. Te ponías tus botitas vaqueras y tu sombrerito y te la pasabas correteando en el patio con mis hijos, persiguiéndose unos a otros con sus pistolitas de plástico. Mi madre sonrió. Yo también me acuerdo, dijo.

Al día siguiente, nos despertamos temprano para emprender una excursión a través del cañón que asciende por la frondosa espalda de la cordillera. Mi madre volvió a convertirse en guía mientras paseábamos: me señaló las trémulas hojas amarillas de un arce dientón y extendió su mano para acariciar la lisa y colorada corteza de un madroño. Se inclinó para recoger el caparazón seco de una larva de libélula que se hallaba prendida a una brizna de hierba, y con gran delicadeza la giró sobre su palma manchada de barro. Alzó la vista hacia el sendero, hacia las aguas mansas del arroyo, y me explicó que aquel reluciente artrópodo se había desprendido de su carcasa para poder revolotear entre los turbulentos vientos del cañón. Sostenía aquel exoesqueleto entre sus manos como si fuera un objeto sagrado. Las libélulas migran igual que las aves, me dijo; baten sus delicadas alas durante días enteros a través de las llanuras onduladas, de las cadenas montañosas, del mar abierto.

Mi madre abandonó el sendero y se sentó sobre una piedra, a orillas del riachuelo. Se quitó los zapatos y los calcetines, se arremangó los pantalones hasta las rodillas y entró en la corriente. Sus hombros se tensaron debido a la frialdad del agua. Me pidió que me metiera con ella, pero yo sacudí la cabeza y permanecí sentado bajo la luz jaspeada que bañaba la ribera. Mi madre caminó a través de piedras y ramas caídas, señalando la manera en que la corriente se desbordaba al pasar por encima de una raíz expuesta, o la forma en que el sol refulgía sobre una mata de hierba verde. Se inclinó para tocar la superficie del agua, y luego se frotó el rostro con las manos mojadas. Y mientras yo recolectaba hojas de arce, ella se agachó y recogió un puñado de diminutos bolos calizos del lecho del arroyo. Ven, me dijo, haciéndome señas con sus manos empapadas. Toca el agua.

Aquella noche, cuando nos encontrábamos instalados en una de las estaciones científicas ubicadas en el corazón del parque, y mientras cenábamos pavo precocido aderezado con relleno instantáneo, le pregunté a mi madre por qué había decidido unirse al Servicio de Parques años atrás. Ella se puso a picotear el relleno con su tenedor. Porque quería estar al aire libre, me dijo. Porque en las áreas silvestres yo había encontrado un sitio donde podía entenderme. Y mi ilusión era convertirme en guardia forestal para poder despertar en la gente ese mismo amor que yo sentía por la naturaleza, y hacer que se interesaran por el medio ambiente. Alzó la mirada de su plato y me miró. Quería proteger este paisaje de la destrucción, me dijo. Quería proteger los lugares que amaba. Me recosté contra el respaldo de mi silla. ¿Y qué piensas ahora, en retrospectiva?, le pregunté. Mi madre dejó su tenedor sobre el plato y se puso a recorrer con su dedo la veta de madera del borde de la mesa. Aún no lo sé, me respondió.

Al día siguiente abandonamos el parque y condujimos rumbo al oeste. Por la tarde, cuando íbamos llegando a El Paso, contemplé las luces que se extendían a lo largo del valle desértico y traté de distinguir dónde terminaba Estados Unidos y dónde comenzaba México. En el motel en donde nos hospedamos, un empleado que usaba lentes trabó plática con mi madre mientras nos registrábamos. ¿Qué los trae a El Paso?, preguntó. Mi madre sonrió. Mi hijo está haciendo una investigación sobre la frontera, dijo. ¿La frontera?, repitió el hombre, mirándonos por encima de sus anteojos. Yo les voy a contar de la frontera. Señaló hacia el otro lado de las puertas de vidrio del motel, en dirección a una ladera cubierta de maleza al fondo del estacionamiento. ¿Ven ese lugar? Yo solía ver que las matas se movían todas las noches. No tardé en darme cuenta de que no era el viento lo que las movía, sino los espaldas mojadas que cruzaban la frontera a hurtadillas. El hombre sonrió con una mueca. Pero ahora las matas ya no se mueven, ¿comprenden? En estas épocas los mojados ya no aparecen en los patios de la gente. Mi madre y yo asentimos, incómodos, mientras el tipo soltaba una risita y nos entregaba la llave de nuestra habitación.

Al día siguiente dejamos el auto estacionado en el puente de Santa Fe y nos dirigimos a pie hacia la frontera, siguiendo el persistente flujo de personas que se dirigían al cruce, a través de una pasarela cubierta de barrotes que se extendía sobre el canal de concreto donde las menguantes aguas del Río Bravo dividían El Paso de Ciudad Juárez. Cuando estábamos por llegar al otro lado del puente, vi a un hombre despidiéndose de su esposa y de su hijo con los ojos empañados de lágrimas. El niño, parado junto al chirriante torniquete de salida, lloraba mientras su madre y su padre se abrazaban largamente.

Tras cruzar la puerta giratoria, los agentes aduanales mexicanos, vestidos de negro, nos hicieron señas desde la mesa de revisión para que avanzáramos. Mi madre se volvió hacia mí. ¿No van a revisarnos el pasaporte? Me encogí de hombros. Creo que no.

Salimos del puerto de ingreso y avanzamos por la avenida Benito Juárez, en medio de un hervidero de taxistas y vendedores ambulantes. Pasamos junto a bocinas atronadoras y fachadas de comercios pintadas de colores brillantes: tiendas de licores, casas de empeño, clínicas dentales, farmacias de descuento, taquerías, casas de cambio y anuncios en español que ofrecían seguros, ropa, botas. Después de caminar varias cuadras, mi madre me preguntó si no podíamos sentarnos un rato. Cruzamos la calle hacia la Plaza Misión de Guadalupe, donde mi madre se desplomó enseguida sobre una banca. Necesito recuperar el aliento, me dijo. El corazón me está palpitando. ¿Te sientes bien?, le pregunté. Tomó aire y miró a su alrededor, con una mano apoyada sobre el pecho. Estoy bien, dijo, sólo un poco aturdida. Eché un vistazo al sol. Oye, voy a conseguirte un poco de agua, le dije. Le di una palmadita en el hombro y le señalé un comercio al otro lado de la calle. Ahora vuelvo.

En la tienda, me formé detrás de dos mujeres que hablaban de política. Qué bueno que ganó Calderón, le decía una mujer a la otra. Necesitamos un presidente que combata el crimen, que agarre a los delincuentes y limpie las calles. La otra mujer meneó enérgicamente la cabeza mientras le pagaba al empleado la cajetilla de cigarrillos y el paquete de pan dulce que llevaba. No entiendes, le dijo a su amiga. El problema no está en las calles.

Mi madre bebió ávidamente de la botella de agua que le llevé y luego suspiró, mientras yo consultaba el mapa de bolsillo que había tomado en el hotel. Estamos cerca del mercado Juárez, le dije. Allá podemos sentarnos y comer algo en lo que descansas. Ella asintió; se tomó su tiempo y aprovechó para mirar la calle de arriba abajo antes de levantarse de la banca. Caminamos sin prisa por la acera y pasamos frente a los domos de ladrillo de la Aduana Fronteriza y luego doblamos para tomar la calle 16 de septiembre. A una cuadra del mercado, nos detuvimos en un crucero atascado de autos, esperando a que el semáforo cambiara a verde. Y entonces, mientras cruzábamos los cuatro carriles del tráfico, mi madre lanzó un grito y cayó al suelo en medio de la calzada. Invadido por el pánico, me arrodillé junto a ella y la rodeé con mis brazos. ¿Estás bien?, le pregunté. Jadeando, con dientes apretados, me señaló su pie, que se había torcido al caer en un bache. Tienes que pararte, le dije. Tenemos que quitarnos de la calle. Alcé la vista y vi que la luz peatonal parpadeaba. Traté de levantarla, pero ella hizo una mueca de dolor. Es mi tobillo, gritó, jadeando. No puedo moverlo.

Me quedé ahí parado en la intersección, con las manos alzadas para detener el tráfico, mientras la luz cambiaba a verde. Miré en dirección al mercado y vi que un hombre se acercaba corriendo desde la acera. Justo frente a nosotros, una mujer descendió de su auto y se arrodilló junto a mi madre. Tranquila, le susurró, tranquila.

Un hombre de sombrero vaquero se apeó de su camioneta sin apagarla y se volvió hacia el tráfico y les hizo señas a los conductores para que esperaran. El hombre que había corrido desde el mercado me puso una mano sobre el hombro. ¿Te ayudo?, me preguntó. ¿Qué pasó? Las manos me temblaron al señalar a mi madre. No puede caminar. El hombre se apresuró a colocarse a su lado y, con las manos extendidas, me hizo una seña de que la alzáramos. Los dos nos agachamos y pasamos nuestros hombros por debajo de los brazos de mi madre. La mujer que se había arrodillado junto a ella se inclinó para hacerle una caricia: Vas a estar bien, le dijo, antes de caminar de regreso a su auto. Mi madre se impulsó con una sola pierna, mientras el otro hombre y yo la alzábamos, y juntos la llevamos cojeando hasta la acera. La ayudamos a sentarse en un muro de concreto y yo me volví para mirar cómo el tráfico comenzaba a avanzar nuevamente.

Me arrodillé y examiné las manos de mi madre, tiznadas a causa del asfalto. ¿Debemos llamar a una ambulancia?, le pregunté. Ella abrió los ojos y trató de controlar su respiración agitada. No creo, respondió, sólo déjame sentarme un rato. Miré al hombre y me incorporé para estrecharle la mano. Gracias, le dije, a falta de más palabras. El hombre sacudió la cabeza. No es nada. En Juárez nos cuidamos los unos a los otros. Me dio una palmadita en la espalda y con un gesto me indicó que me sentara junto a mi madre. Cuando estén listos, nos dijo, vénganse a mi local en el mercado. Mi madre y yo les prepararemos unas quesadillas. Y antes de marcharse me miró y enarcó las cejas. Aquí están en su casa.

I

En el sueño estoy acuclillado en la oscuridad. El piso de la caverna está cubierto de formas negras, brazos y piernas cercenados de los cuerpos a los que alguna vez pertenecieron. Palpo los miembros y los sostengo entre mis manos, percibiendo la mugre, la sangre, la piel yerta. Busco una cabeza entre los restos, vestigios de alguna cara, algo con que poder identificar a las personas que han sido depositadas aquí. Con las manos vacías, abandono la caverna y salgo a un paisaje desprovisto de color, cuya atmósfera viciada parece encontrarse inmóvil. Ahí afuera, una voz me indica que debo visitar a un lobo en una caverna cercana. Llego cuando casi ha oscurecido por completo. Me interno en un pasadizo de paredes de piedra, y avanzo hasta que debo entornar los ojos para lograr ver algo en la penumbra. En el fondo de la cueva percibo la silueta irregular de un animal que merodea en la oscuridad. Enseguida logro distinguir las formas de un lobo que avanza lentamente hacia mí, posando silenciosamente una pata delante de la otra. Mientras el animal se acerca, una oleada de terror me acomete. Miro por encima de mi hombro y descubro que mi madre está ahí, haciéndome señas para que extienda mi mano y se la ofrezca al lobo. Vuelvo la vista hacia el frente y estiro el brazo y respiro hondo al abrir la palma de mi mano. El lobo se aproxima con calma y estira el cuello para olisquear mi mano con su enorme hocico. El animal tiene un aspecto realmente aterrador pero también emana sabiduría. Y cuando se echa hacia atrás para observarme, yo intuyo que una suerte de comunión se establece entre nosotros. El lobo avanza nuevamente hacia mí, y esta vez se levanta despacio sobre sus patas traseras y posa las delanteras contra mi pecho. Me aterra el tamaño de sus garras, lo pesadas que se sienten sobre mi cuerpo. El lobo se inclina hacia mí y acerca su cara a la mía, como queriendo contarme un secreto. Cierro los ojos y siento su aliento ardiente sobre mis mejillas, la humedad de su lengua al lamerme el rostro, el interior de la boca. Y, de golpe, me despierto.

Conducíamos de regreso a la ciudad, surcando con rapidez los gélidos y quebradizos pastizales de Nuevo México, cuando supe lo de Santiago. Debió haber sido Morales quien me lo contó, o tal vez fue Hart. Le hablé por teléfono a Santiago tan pronto me enteré. No tienes que renunciar, le dije, todavía puedes terminar el curso, deberías quedarte. No puedo, respondió él, éste no es un trabajo para mí. Debería regresar a Puerto Rico, debería estar con mi familia. Le deseé mucha suerte y le dije que me apenaba verlo partir. Él me dio las gracias y me pidió que terminara el curso por ambos, y yo le prometí que así lo haría.

De entre todos mis compañeros, Santiago era quien yo más deseaba que pudiera graduarse. Nunca marchaba al paso, su uniforme era siempre un desastre, no sabía sostener el arma y le tomaba sus buenos quince minutos correr los tres kilómetros reglamentarios. Pero se esforzaba más que cualquiera de nosotros. Era el que más sudaba, el que más gritaba. Tenía treinta y ocho años de edad y era contador, originario de Puerto Rico, estaba casado y acababa de tener un hijo. Un día antes de renunciar, Santiago salió del polígono de tiro con el bolsillo del pantalón lleno de balas vivas y los instructores le ordenaron que cantara "Soy una tetera" frente a toda la clase. Como Santiago no se la sabía, los instructores le propusieron que entonara "Dios bendiga a América". Cantó el coro a grito pelado, hinchando el pecho y jadeando por el esfuerzo de inhalar aquel aire saturado del hedor a mierda que llegaba en bocanadas desde las granjas lecheras vecinas. Todos nos reímos de él: de su acento tan marcado, de los versos que pudo recordar, de su voz desafinada y temblorosa.

Ya en la ciudad, y con unos tragos encima, Hart se quejó de nuevo de los inviernos en Detroit. Yo no puedo volver a casa como Santiago, dijo. A la mierda. Contempló su vaso de cerveza y luego alzó la mirada y nos preguntó: ¿Saben a qué me dedicaba antes? Morales y yo negamos con la cabeza. Era empleado de una agencia de alquiler de autos, atendía un mostrador en el puto aeropuerto. ¿Saben cuántas veces tuve que entregarles llaves a personas que ni siquiera se molestaban en verme a la cara? Tipos que veían mis tatuajes de reojo, como si yo fuera un maleante, un negrito patético escapado del gueto trabajando medio tiempo. Hart se aferró a su vaso de cerveza. Pero más que nada, estoy harto y fastidiado del invierno.

Alzó la mirada y logró esbozar una sonrisa. ¿Y cómo es el invierno en Arizona?, preguntó. Morales soltó una carcajada. A donde vamos, no tendrás que preocuparte por la nieve, bato, eso es seguro. Hart dijo que aquello le parecía muy bien. Claro, respondí yo, pero nomás espera a que llegue el verano. ¿Alguna vez has estado bajo un calor de 46 grados? No, carajo, replicó Hart. Bueno, le dije, así estaremos cuando nos toque salir a recoger cadáveres en el desierto. Hart me miró desconcertado. ¿Quién carajos se pone a caminar en el desierto a 46 grados?, preguntó. Me terminé de un trago el último sorbo de mi cerveza. Los migrantes solían cruzar en las ciudades, le expliqué, en lugares como San Diego y El Paso, hasta que la Patrulla Fronteriza levantó cercas y reclutó gente como nosotros. Los políticos pensaron que, si clausuraban el paso en las ciudades, la gente no se atrevería a cruzar a través de las montañas y el desierto, pero se equivocaron. Y ahora somos nosotros los que debemos lidiar con eso. Hart había perdido el interés en mis divagaciones y trataba de llamar la atención del mesero para ordenarle otra cerveza. Morales alzó la vista y me miró con ojos ensombrecidos, casi ocultos bajo su entrecejo fruncido. Disculpen el sermón, les dije. Estudié esta mierda en la escuela.

Durante el viaje de regreso a la academia, me acomodé en el asiento trasero de la camioneta de Morales, quien, sentado tras el volante, le platicaba a Hart sobre su infancia en la frontera, en la ciudad de Douglas, y sobre sus tíos y sus primos que vivían del otro lado. Hart le preguntó qué tipo de comida comían, y Morales le contó del menudo y la birria, cómo se comían bien calientes, servidos en tazones, por la mañana. Le contó de los puestos de tacos de tripa de Agua Prieta, abiertos toda la noche. Y le describió cómo su madre preparaba tortillas, cómo su abuela hacía tamales durante la época navideña, mientras yo escuchaba su voz desde el asiento trasero, con la cabeza apoyada contra el vidrio helado de la ventanilla, contemplando la oscuridad del llano a la vez que entraba y salía de una especie de duermevela.

Robles nos sacó de la sala de artes marciales y nos condujo al salón donde se practicaba *spinning*. Cada uno de nosotros se montó en una bicicleta estática. Robles se encaramó en una máquina colocada al frente del salón, de cara a nosotros, y nos gritó que empezáramos a pedalear. No quiero que dejen de mover las piernas, bramó. Cuando yo me levante, paren el culo del asiento y sigan pedaleando de pie hasta que les ordene sentarse. Se volvió repentinamente hacia un recluta corpulento que se hallaba en la primera fila y cuyo nombre era Hanson. ¿Quedó claro, Hanson? Sí, señor, gritó aquel, para entonces ya casi sin resuello.

Los minutos transcurrían y Robles nos azuzaba para que nos esforzáramos aún más: siéntense, nos gritaba, muevan las piernas, levántense. El cuerpo es una herramienta, proclamaba, la herramienta más importante. Una macana no es nada, un arma aturdidora no es nada; ni siquiera una pistola es nada si el cuerpo se cansa, si es incapaz de mantenerse en funcionamiento cuando cada uno de sus músculos suplica un descanso. En la Patrulla Fronteriza, continuó Robles, serán probados al máximo, se lo prometo. En mis tiempos me tocó quitar una vida y me tocó salvar otra. Cuando era novato en el campo, como lo serán todos ustedes, mi oficial y yo sorprendimos a un grupo de salvadoreños en los campos de lechuga a las afueras de Yuma. Uno de los hombres salió corriendo y yo lo perseguí hasta que pensé que las piernas me fallarían. Me tropecé y rodé entre los surcos de tierra y las filas de lechugas, pero no dejé de perseguirlo hasta que llegamos al borde de un canal y el tipo se dio la vuelta y me enfrentó. Si yo me hubiera rendido, tal vez ese hombre me habría matado. Pero no me rendí. Luchamos en el suelo hasta que lo tiré por encima del borde del canal hacia el agua. El tipo no sabía nadar, ninguno de ellos sabe; así que una hora después mi oficial y yo tuvimos que pescar su cadáver en la línea de boyas.

Los ojos de Robles parecieron desconectarse de su entorno, como si su mirada se hubiera dirigido hacia su interior. Un año después, siguió contando, me tocó perseguir a otro hombre por las riberas del río Colorado. El tipo se metió corriendo al agua y dejó que la corriente lo arrastrara, así como si nada. Y les diré qué fue lo que hice. Me arrojé al río y nadé hasta que logré alcanzarlo y lo mantuve a flote, a pesar de toda el agua que me tragué, y a pesar de que nunca en mi vida me había sentido tan cansado. A ese hombre le salvé la vida, y aun así, no pasa un solo día sin que me acuerde del hombre al que se la quité.

Robles guardó silencio mientras nosotros seguimos pedaleando de pie sobre las bicicletas, sudorosos y moviendo las piernas ya casi sin fuerzas. En la primera fila, Hanson bajó la cabeza y apoyó el culo en el asiento. Súbitamente, Robles dejó de mirar al frente y se volvió hacia Hanson. Párate, rugió. No me falles, Hanson, no te rindas.

Y mientras el sonido de nuestra agitada respiración llenaba la sala, pensé fugazmente en el salvadoreño, y me pregunté si la noticia de su muerte ya habría llegado hasta su familia, flotando en el aire como un cadáver suspendido en aguas turbias. Miré hacia el frente del salón, donde Robles pedaleaba erguido sobre su bicicleta, con el sudor escurriéndole por la frente y los hombros hundiéndose y sacudiéndose a cada embate de sus piernas. Me pregunté si su vigor inquebrantable no sería un intento de su cuerpo por compensar de alguna manera la vida que había visto desaparecer en un parpadeo en la rauda corriente del canal. Me pregunté qué pensaría Robles de su cuerpo, si acaso lo veía como una herramienta de destrucción o una de salvamento. Y también me pregunté en qué clase de arma se estaba convirtiendo mi propio cuerpo.

Una tarde, antes de dirigirnos al polígono, el instructor de armas nos mostró una presentación de PowerPoint en un aula a oscuras. Nuestros agentes arrestaron a más de 700 mil inmigrantes el año pasado, nos dijo. Y si creen que eso es grave, cuando yo recién llegué, hace ocho años, en el 2000, la cifra era de un millón y medio. Y estoy aquí para contarles que no todos los que intentan cruzar la línea son buenas personas que sólo quieren trabajar.

El instructor nos mostró en la pantalla imágenes de víctimas de la guerra contra el narco, macabras fotografías de gente asesinada por los cárteles mexicanos. En una de ellas, tres cabezas flotaban en el interior de una enorme hielera. En otra, el cuerpo de una mujer yacía tirado en medio del desierto, con los pies atados y una de sus manos cercenada y metida en la boca. El instructor se detuvo en la imagen de un camión de ganado en cuyo interior se amontonaban doce cadáveres, todos maniatados, con los ojos vendados y ejecutados de un tiro en la cabeza. Estos doce no pertenecían a ningún cartel, nos dijo; eran migrantes secuestrados y asesinados para obtener un rescate miserable e insignificante. La siguiente imagen mostraba a un grupo de policías mexicanos acribillados a balazos en la calle, seguida de otra en la que aparecía el cuerpo ensangrentado de un hombre en el interior de un auto: se trataba de un alcalde recién electo que había prometido acabar con la violencia del narco en su localidad, y que fue muerto a tiros durante el primer día de su mandato.

A esto se enfrentarán ustedes, nos dijo el instructor. Esto es lo que les espera.

Hasta aquel momento, siete reclutas habían desertado, reduciendo nuestra promoción a un total de cuarenta y tres elementos. Sullivan se marchó exactamente una semana después de Santiago. Yo no lo conocía, pero su compañero de habitación decía que se la pasaba quejándose todo el tiempo. Serra, una de las tres únicas mujeres de la promoción, renunció dos días más tarde, sin que nadie supiera el motivo. Se lo guardó para sí misma, dijeron todos. Goliski fue el siguiente en marcharse, con una baja médica indefinida a causa de una fisura en la rodilla izquierda. Cuando me lo topé en la sala de cómputo, durante la víspera de su partida, le pregunté qué haría cuando regresara a casa. Se me quedó mirando como si no hubiera comprendido mi pregunta. Esperaré a que me sane la rodilla y volveré a la academia, me dijo. Ya estuve dos veces en Irak; sé que puedo con este trabajo.

Hanson renunció cuando recibió una oferta de empleo por parte del departamento de policía de su ciudad natal, en Illinois. Me van a pagar casi lo mismo, nos contó, y así mi mujer y mis hijos no tendrán que mudarse. Durante su último día en la academia, Robles nos formó al inicio de la clase de entrenamiento físico y nos ordenó que nos quitáramos las camisas para medir nuestro porcentaje de grasa corporal. Hanson se encontraba formado a mi lado, y por primera vez noté la cantidad de piel flácida que colgaba de su cintura.

Cuando Robles llegó a su lado para medirlo, observó toda aquella piel que le sobraba y alzó la cabeza para encarar a Hanson. ¿Cuánto peso has perdido?, le preguntó. Ochenta y un kilos en un año y medio, respondió Hanson, con la vista clavada al frente. Robles asintió. Esperemos que no vuelvas nunca a subirlos.

Domínguez, el compañero de habitación de Hart, fue el siguiente en renunciar, después de haber reprobado por tercera vez el examen de leyes. Durante varios días me pregunté qué podría haber hecho para ayudarlo a pasar. Una noche en que Hart y yo nos encontrábamos cenando en la cafetería de la academia le pregunté: ¿Por qué nunca invitaste a Domínguez a que estudiara con nosotros? Era tu compañero de cuarto, tendrías que haber estado al pendiente de él. Hart me miró estupefacto. Vete a la mierda, respondió, arrojando su panecillo contra el plato. Si Domínguez realmente hubiera querido aprobar ese examen, lo habría hecho. Pero se la pasaba toda la noche hablando en el puto teléfono. Mira, continuó, Domínguez fue lo bastante listo como para pasar su examen de ciudadanía cuando estaba en la preparatoria, y lo bastante listo como para licenciarse en gerencia de construcción después de eso. Tú no eres el único que ha ido a la universidad. Carajo, si hasta logró levantar su propia empresa constructora antes de que la industria inmobiliaria se fuera al diablo, ¿sabías eso? Hart volvió a tomar el panecillo de su plato y le pegó un mordisco. En vez de estudiar, continuó, Domínguez se la pasaba hablando con su familia durante su tiempo libre, y eso no es culpa mía ni de nadie, carajo. Guardé silencio por un momento. ¿Y qué tanto hablaba con su familia?, le pregunté finalmente. Hart se encogió de hombros. ¿Cómo voy a saberlo? No hablo español, respondió.

Mi madre viajó desde Arizona para verme en Navidad. Pasó a recogerme a la academia durante la víspera y juntos condujimos a través de las colinas doradas, dejando atrás las trémulas praderas chihuahuenses para ascender a las montañas de verdor perenne. Pasamos la noche en una cabaña de dos habitaciones, alumbrados y reconfortados por un fuego alimentado con troncos de pino. Nos sentamos en torno a la mesa del salón y nos pusimos a decorar un diminuto árbol de navidad con pequeñas bombillas de colores. Más tarde, arrebujados en mantas, bebimos rompope con brandy hasta que la conversación degeneró en una discusión sobre mi futuro trabajo.

Escucha, me dijo mi madre, yo trabajé casi toda mi vida como guardia forestal, así que no tengo nada en contra de que trabajes para el gobierno. ¿Pero no crees que es poca cosa para ti, obtener un título universitario y terminar de policía en la frontera? Allá, en casa, cuando la gente me pregunta por ti y yo les cuento que ingresaste a la Patrulla Fronteriza, se me quedan viendo de una forma muy extraña, y yo me doy cuenta de que no sé qué más decirles, porque en realidad no sé qué es lo que pretendes con todo esto.

Respiré hondo. Mira, le dije, pasé cuatro años en la universidad estudiando relaciones internacionales e investigando el tema de la frontera desde la historia y la política. Puedes decirle a esa gente que te pregunta por mí que ya estoy harto de los estudios, que estoy harto de leer sobre la frontera en los libros. Que quiero pasar a la práctica, estar en el terreno y conocer la realidad de la frontera en el día a día. Sé que eso puede ser peligroso, pero no se me ocurre una mejor manera de comprender lo que sucede en ese sitio.

Mi madre se me quedó mirando, parpadeando con rapidez. ¿Estás loco?, me dijo. Hay miles de maneras distintas de comprender lo que sucede en un lugar. Tú te criaste cerca de la frontera, viviste conmigo en desiertos y parques nacionales. La frontera está en tu sangre, por Dios santo. Tus bisabuelos trajeron a mi padre de este lado cuando era pequeñito. Y cuando me casé me negué a perder mi apellido de soltera para que tú tuvieras un recuerdo de la familia de tu abuelo, para que nunca olvidaras tu ascendencia. ¿No te basta eso para entender la frontera?

Y se los agradezco mucho, respondí, bajando la voz. Pero llevar un apellido no es lo mismo que entender un lugar. Apunté hacia la ventana. Quiero estar allá afuera. No encerrado en un aula ni en una oficina ni detrás de una computadora, mirando documentos. ¿No te acuerdas que tú ingresaste al Servicio de Parques porque pensabas que sólo ahí, en medio de la naturaleza, podrías llegar a comprenderte a ti misma?, le pregunté. Mi madre entornó los ojos con impaciencia, como si yo estuviera tratando de salirme por la tangente. Es casi lo mismo, le dije. No sé si la frontera será el lugar más adecuado para tratar de entenderme, pero sí sé que es algo de lo que no puedo huir. Tal vez es el desierto; tal vez es la intimidad que existe entre la vida y la muerte; tal vez es la tensión entre las dos culturas que llevamos dentro. Pero sea lo que sea, nunca voy a entenderlo si no lo experimento de cerca.

Mi madre meneó la cabeza. Lo haces ver como si realmente fueras a pasártela en comunión con la naturaleza, sosteniendo puras charlas cordiales. La Patrulla Fronteriza no es lo mismo que el Servicio de Parques. Es una corporación paramilitar. Yo le lancé una mirada dolida. No hace falta que me lo digas, le respondí. Te recuerdo que es a mí a quien le propinan palizas a diario en la academia.

Mira, le expliqué, sé que no quieres que tu único hijo se convierta en un policía despiadado. Sé que tienes miedo de que este trabajo me transforme en alguien brutal y desalmado. Esa gente que se te queda viendo raro cuando les cuentas que entré a la Patrulla Fronteriza seguramente se imagina que es una corporación llena de blancos racistas, a los que sólo les interesa matar y deportar mexicanos. Pero yo no soy así, y tampoco la gente que he conocido allá en la academia. Casi la mitad de mis compañeros de clase son hispanos; algunos crecieron hablando español, y otros se criaron ahí en la frontera. Algunos

33

tienen estudios universitarios, como yo. Otros han estado en la guerra, o levantaron sus propios negocios, o tenían empleos mal pagados, o recién acaban de salir de la preparatoria. Muchos son padres y madres de familia. Esta gente no ingresa a la Patrulla Fronteriza porque quiera dañar a los otros; entra porque para ellos representa una oportunidad de servir, de alcanzar estabilidad, seguridad económica...

Pero tú podrías trabajar en cualquier otra cosa que tú quisieras, me interrumpió mi madre. Te graduaste con honores.

¿Y qué?, le respondí. Tal vez ni siquiera quiero dedicarme a esto por el resto de mi vida. Velo como otra etapa de mi formación. Imagina todo lo que podré aprender; imagina la perspectiva que obtendré. Ya sé que las fuerzas del orden no son lo tuyo, pero la realidad de la frontera implica el cumplimento y la observancia de la ley. Tal vez no estoy de acuerdo con todos los aspectos de la política migratoria estadounidense, pero es importante comprender las circunstancias que engendraron dichas leyes. Tal vez después de tres o cuatro años pueda volver a la universidad a estudiar Derecho; tal vez pueda involucrarme en la formulación de nuevas normativas. Imagínate qué clase de conocimientos y experiencias podría yo aportar, si termino convirtiéndome en abogado especialista en inmigración, o en funcionario público; imagínate lo bien que podría hacer mi trabajo gracias al tiempo que pasé en la Patrulla Fronteriza.

Mi madre suspiró y alzó los ojos al cielo. Hay muchas maneras de aprender todo eso sin tener que arriesgarte tanto, me dijo. Hay muchas maneras de ayudar a la gente sin que tengas que ponerte en su contra. Pero eso es justo lo que te estoy diciendo, afirmé, que trabajando en la Patrulla Fronteriza podré ayudar a las personas. Hablo los dos idiomas, conozco las dos culturas. He vivido en México y viajado por todo el país. He visto los pueblos y las comunidades que han quedado vacíos porque la gente se viene al norte a trabajar. Siempre va a haber gente buena tratando de cruzar la frontera, y agentes dispuestos a detenerlos, me convierta o no en uno de ellos. Pero tal vez si me toca a mí arrestarlos podré ofrecerles el pequeño consuelo de hablarles en su propia lengua, de saber de dónde proceden.

Muy bien, dijo mi madre, muy bien. Pero tienes que estar consciente de que estás a punto de ingresar a un sistema, a una institución que no se caracteriza por mostrar consideración hacia los seres humanos.

Yo desvié la mirada y un pesado silencio se interpuso entre nosotros. Agaché la cabeza y contemplé mis manos mientras reflexionaba en las palabras de mi madre. Tal vez tienes razón, le dije. Pero ingresar a un sistema no implica que obligatoriamente el sistema se convierta en ti. Las dudas centelleaban en mi mente mientras hablaba. Le sonreí y le recordé que el primer empleo que había tenido en mi vida había sido lavando platos en compañía de migrantes originarios de Guanajuato. Jamás voy a perder de vista eso, le dije. No voy a convertirme en alguien distinto.

Muy bien, dijo mi madre. Espero que tengas razón.

Nos abrazamos, y ella me dijo que me amaba, que estaba contenta de que ya pronto me enviarían a trabajar a Arizona, donde estaríamos más cerca. Antes de dormirnos, cada uno abrió un único regalo, tal y como acostumbramos hacerlo cada Navidad, desde que tengo uso de memoria.

Por la mañana almorzamos en el hotel histórico del pueblo, donde nos dimos un banquete de estofado de carne junto al fuego crepitante de una chimenea. Más tarde subimos las escaleras que conducían al estrecho mirador, donde varias personas vestidas con abrigos se apiñaban unas con otras y caminaban en círculos para admirar el paisaje. Ante nosotros se desplegaba una soleada cuenca que nacía al pie de las montañas y se extendía hacia el oriente. Miré cómo el paisaje cambiaba bajo la luz invernal. Mi madre, que se encontraba detrás de mí, colocó una mano sobre mi hombro y señaló un torbellino de arena de yeso, increíblemente pequeño, que giraba en medio del desierto a nuestros pies.

Durante la ceremonia de graduación nos presentamos ante nuestros amigos y seres queridos vestidos con nuestros uniformes de gala: sombreros de ala ancha, pantalones y camisas pulcramente planchados, botas y hebillas de latón que de tan pulidas refulgían bajo las luces fluorescentes del auditorio de la academia. Los instructores pronunciaron discursos sobre la utilidad de nuestro entrenamiento y la importancia de la labor que en breve llevaríamos a cabo. Los graduados recibimos medallas y distintivos que fueron prendidos a nuestros pechos. Y formados en una hilera, de pie ante el público, alzamos las manos y fijamos la mirada en las pálidas paredes al fondo del auditorio. Juro solemnemente que apoyaré y defenderé la Constitución de los Estados Unidos contra todos los enemigos, extranjeros o internos; que consignaré con verdadera fe y alianza con la misma; que asumo esta obligación libremente, sin ninguna reserva mental o propósito de evasión, y que emprenderé correctamente y con lealtad los deberes del cargo que estoy a punto de aceptar. Y que Dios me ayude.

Realizamos nuestra primera incautación de droga apenas dos días después de haber llegado a la estación. Nos encontrábamos al este del puerto de ingreso cuando un sensor ubicado a menos de cinco kilómetros de distancia se disparó. Al pie del sendero, Cole, nuestro supervisor, nos señaló un cúmulo de pisadas impresas sobre la arena. Avanzó un trecho a solas por el sendero, siguiendo las huellas, y después de varios minutos nos hizo señas para que descendiéramos de los vehículos. Las huellas indican que son ocho, nos dijo. Guarden silencio y síganme.

Nos adentramos unos ocho kilómetros en dirección a las montañas, con Cole a la cabeza. Uno por uno nos fue llamando a su lado, para observar nuestra técnica de rastreo. Mantengan la mirada relajada, nos decía. Recorran con los ojos unos cuatro o cinco metros de terreno a la vez. Traten de avanzar con el sol de frente, nunca a espaldas de ustedes, para que las huellas reflejen la luz. Si el rastro se vuelve difícil de seguir, busquen pequeñas alteraciones en el terreno: hundimientos, marcas de tacones, rocas pateadas, el lustre de la tierra que ha sido apisonada, fibras de tela atrapadas en las espinas de las plantas o en las ramas de los árboles. Si pierden el rastro, regresen al último lugar donde lo vieron. Aprendan a leer la tierra, nos dijo. Es el pan de cada día de este trabajo.

Justo en la base del paso, entre unas rocas gigantescas, encontramos el primer paquete de droga que los traficantes habían abandonado. Seguramente nos vieron acercarnos, dijo Cole. Nos ordenó que nos dispersáramos y peináramos las laderas, y a los diez minutos ya habíamos encontrado dos mochilas con ropa y alimentos, y cuatro paquetes más, envueltos en sacos de azúcar pintados de negro con pintura de spray. Deben pesar como veinte kilos cada uno, dijo Cole. Le propinó una patada a uno de los paquetes. Cien kilos de droga, nada mal para ser su segundo día en el campo. Le pregunté a Cole si no debíamos seguir el rastro de las pisadas que se internaban en el paso, para localizar a los mochileros. Diablos, no, me respondió. Si puedes evitarlo, nunca lleves a ningún detenido junto con la droga que encontraste, de lo contrario te verás metido en un caso de tráfico, y eso requiere un montón de papeleo; tendríamos que quedarnos a doblar turno sólo para terminar de llenar los formularios. Y, de cualquier manera, continuó, el fiscal desechará los cargos. Las cortes están saturadas de ese tipo de casos. Y me sonrió. Los cargamentos abandonados son más fáciles. Ya lo verás.

Cole ordenó que nos deshiciéramos de las mochilas, y vi cómo varios de mis compañeros las abrían y sacaban la ropa y la rompían y desgarraban para luego arrojarla entre las zarzas y las ramas de mezquite y palo verde. En una de las mochilas, encontré una estampita plastificada que representaba a San Judas con una lengua de fuego flotando sobre su cabeza. Morales encontró una cajetilla de cigarros y se sentó a fumarse uno mientras los demás pisoteaban una pequeña pila de alimentos, entre risas. Junto a ellos, Hart reía y gritaba mientras orinaba sobre una pila de pertenencias desvalijadas.

Cargando los paquetes, emprendimos el camino de regreso a los vehículos. El sol de febrero parecía colgar muy abajo en el horizonte mientras proyectaba su cálida luz sobre el desierto. Al borde del camino, bajo la rosada sombra de un palo verde, una tortuga del desierto se alzó sobre sus patas delanteras para mirarnos pasar.

Por la noche permanecimos varias horas parados a lo largo de una línea de postes, en completa oscuridad. Cuando nos cansamos del frío y del zumbido de los cables eléctricos, Cole nos mandó a poner una banda de clavos sobre el camino de terracería y nos dispusimos a esperar en el interior de nuestros vehículos, estacionados en la cuenca seca de un arroyo contiguo. Nos quedamos ahí sentados, con el motor y la calefacción encendidos, y después de unos minutos de silencio, Morales le preguntó a Cole por qué algunos agentes de la estación lo llamaban "La Muerte Negra". Cole soltó una carcajada y sacó una lata de tabaco Copenhagen del bolsillo de la camisa. Hay que tener mucho cuidado, dijo Cole, con los indios de por aquí. Cuando se emborrachan les da por caminar de noche entre los pueblos, y a veces se quedan dormidos sobre la puta carretera. Mientras hablaba, se puso a compactar el tabaco para mascar de su lata, sacudiendo el brazo derecho y golpeteando la tapa con el dedo índice. Cuando hace mucho frío, el asfalto conserva el calor del sol, incluso de noche. Hace un par de años, yo estaba trabajando en el turno nocturno, conduciendo por la carretera IR-9 cuando, de pronto, me topo con este indio de mierda dormido a mitad del camino. Paré la camioneta y me bajé a despertarlo. El hermano del tipo estaba también ahí, durmiendo entre los arbustos. Estaban ebrios hasta la médula. Cole tomó una pizca de tabaco y se la metió en la boca. Su labio inferior sobresalía y reflejaba la luz verde del tablero del vehículo. Les di un aventón al pueblo más cercano, contó, y los dejé en la casa de su primo. Les dije que no volvieran a dormirse sobre la maldita carretera. Cole alzó un vaso vacío de Pepsi del tablero y escupió dentro. Unos nueve o diez meses más tarde, en el mismo maldito lugar, atropellé al tipo, lo maté al instante. El mismo puto indio, dormido sobre la jodida carretera. Ni siquiera lo vi. Después de eso todos empezaron a llamarme "La Muerte Negra". Cole soltó una carcajada y escupió en el vaso, y algunos nos reímos con él, aunque sin saber bien qué clase de risa era aquella.

Poco después de la media noche, un camión con las luces apagadas cruzó la banda de clavos y reventó tres de sus neumáticos. Los perseguimos a toda velocidad, acelerando a ciegas entre nubes de polvo hasta que nos dimos cuenta de que el camión había dado la vuelta. Regresamos al sitio donde las huellas de los neumáticos se salían de camino y las seguimos hasta que dimos con el vehículo, que había sido abandonado al pie de una colina. En la parte trasera hallamos dos paquetes de mariguana y un rifle calibre 22. Cole nos envió a explorar las laderas con nuestras linternas pero sólo pudimos hallar otro paquete. Es una jodida finta, exclamó Cole. Le pregunté qué quería decir con eso. Es un maldito señuelo, eso es lo que es. Están esperando a que nos larguemos. Pero a mis compañeros y a mí no nos importó: estábamos eufóricos a causa de la persecución. Empujamos el camión hacia el lecho de un arroyo seco, hasta dejarlo atascado, y luego rajamos el único neumático que le quedaba y dejamos las luces y el motor encendidos. De regreso a la estación, le pregunté a Cole que pasaría con el camión. Me respondió que se comunicaría con la policía de la reservación, para que ellos decomisaran el vehículo, pero yo sabía que no lo haría. Y aunque lo hiciera, los nativos no irían a recogerlo. Tampoco querían lidiar con el papeleo.

Tras la puesta del sol, Cole envió a Morales a subir una colina junto a la autopista con una cámara de reconocimiento térmico. Préstame tu gorro, bato, me dijo. Hace frío allá fuera. Se lo entregué y permanecí en el vehículo con los demás. Una hora más tarde, Morales detectó a un grupo de diez personas, al este del mojón que marcaba la milla cinco. Salimos apresuradamente del vehículo y nos dirigimos a pie hacia el lugar mientras Morales nos iba guiando por radio, pero cuando al fin llegamos el grupo ya se había dispersado. Los fuimos encontrando uno por uno, agachados en la maleza o acurrucados entre los troncos de los espinillos y las choyas. Ninguno trató de correr. Hicimos que se quitaran las agujetas y que vaciaran sus mochilas, y luego los condujimos a los diez en fila india hacia la carretera. Durante un rato caminé al lado de un viejo que me contó que todos ellos venían de Michoacán. Es muy bonito por allá, le dije. Sí, respondió, pero no hay trabajo. ¿Has estado en Michoacán?, me preguntó. Le respondí que sí. Entonces ya sabes lo que es vivir en México, me dijo. Y ahora ya sabes cómo nos va a los mexicanos en la frontera. Seguimos caminando, y después de varios minutos, el hombre suspiró profundamente. Hay mucha desesperación, me dijo, en un susurro. Traté de mirarlo a los ojos pero estaba demasiado oscuro.

Ya en la estación, inicié los trámites de deportación del viejo. Cuando terminé de tomarle sus impresiones dactilares, me preguntó si no había algún trabajo para él en la estación. Usted no comprende, le dije. Sólo estará aquí hasta que el autobús llegue. Lo llevarán a las oficinas centrales y luego a la frontera. Muy pronto estará de vuelta en México. Sí, lo entiendo, me respondió el viejo. Sólo quiero saber si hay algo que pueda hacer mientras espero, algo en lo que pueda ayudarlos. Como sacar la basura o limpiar las celdas. Quiero demostrarle que vine aquí a trabajar, que no soy una mala persona. No vine a traer drogas. No vine a hacer nada ilegal. Sólo quiero trabajar. Lo miré. Yo lo sé, le respondí.

Cole nos llevó a una especie de guarida de migrantes muy cerca de la autopista, donde unos traficantes por poco lo atropellan. Nos condujo hacia el fondo de un extenso cauce seco, tapizado de mantas viejas, ropa abandonada, pedazos de cuerda, latas vacías de atún y botellas de agua aplastadas. Trepamos hacia la otra orilla y caminamos en dirección a un cactus que se alzaba en el borde de la hondonada, una enorme choya cargada de frutos que colgaban en cadenas. Cole nos preguntó si alguno de nosotros llevaba desinfectante de manos. Alguien le arrojó una botella pequeña y Cole vertió el gel sobre el tronco negro del cactus. Pidió un encendedor, con el que encendió el gel, y luego retrocedió para contemplar las llamas que trepaban por el tronco, crepitando y chisporroteando mientras devoraban las ramas espinosas de la choya. Alumbrado por aquel fuego, Cole sacó su lata de tabaco, comprimió el contenido agitando la lata con su brazo y se metió una pizca en la boca. Su labio inferior refulgía, tenso y liso, y la oscura piel de su cráneo afeitado reflejaba la luz de las flamas. Lanzó un escupitajo hacia el fuego mientras los demás permanecíamos a su lado, rodeando la choya ardiente, riendo y tomando fotos y videos con nuestros teléfonos mientras el humo denso llenaba el aire de la noche con el aroma resinoso del asfalto caliente.

Cole avanzaba a la cabeza del grupo, explorando el sendero en la oscuridad, cuando nos avisó del puma por radio. Aproxímense con las armas desenfundadas, nos indicó. Pensamos que estaba tomándonos el pelo: íbamos hablando en voz alta, caminando con las linternas encendidas, lo que seguramente ahuyentaría a cualquier animal.

Descendimos por la senda hasta llegar a un llano, y fue ahí que escuchamos un agudo bufido proveniente de la oscuridad a nuestras espaldas, un ruido que parecía una racha de viento ardiente escapando de las entrañas de la tierra. Hijo de su pinche madre, gritamos. Desenfundamos las armas y, paso a paso, espalda con espalda, terminamos de recorrer lo que quedaba de aquel sendero, apuntando con nuestras linternas en todas direcciones. Yo sentía un pavor inmenso, apremiante: no tanto a causa del peligro que el puma pudiera llegar a representarnos, sino más bien ante la idea de lo que podría ocurrir si el puma se manifestaba ante nosotros, un hato de impetuosos hombres armados.

Hay días en los que siento que me estoy volviendo bueno en lo que hago. Y entonces me pregunto: ¿qué es lo que significa ser bueno en esto? A veces me pongo a pensar en cómo podría explicar ciertas cosas, como cuál es el sentido de lo que hacemos cuando la gente huye de nosotros, cuando se dispersa en el monte, dejando tras de sí sus botellas de agua y sus mochilas llenas de comida y de ropa; lo que hacemos cuando descubrimos los escondites en donde almacenan agua y ocultan raciones de alimentos. Por supuesto, las acciones que llevamos a cabo en estas ocasiones dependen mucho de la compañía en la que te encuentras; depende de qué clase de agente eres, y en qué clase de agente quieres convertirte, pero es cierto que rajamos las botellas de plástico de los migrantes, y que derramamos su agua sobre la arena; es cierto también que vaciamos sus mochilas y que tomamos su ropa y su comida y la arrojamos en una pila que luego aplastamos y orinamos y pisoteamos para enseguida esparcirla y prenderle fuego en el desierto. Y, Dios mío, sé que suena espantoso, y tal vez en verdad lo sea, pero el propósito de todo esto es que los migrantes se den cuenta —cuando al fin salgan de sus escondrijos, cuando consigan reagruparse y volver al campamento para encontrarse con sus provisiones saqueadas y destruidas— de la realidad de la situación en la que se encuentran metidos: que están jodidos, que es imposible seguir adelante, que es mejor que se den por vencidos ahí mismo y busquen la manera de llegar a la carretera o al camino de terracería más cercano para hacerle señas a un patrullero, o caminar hasta el poblado más próximo y tocar a la puerta de alguien, alguien que les dará agua y comida y que nos llamará para que vayamos a recogerlos. Ésa es la idea, ésa es la razón detrás de nuestros actos. Pero, a pesar de todo, sufro de pesadillas, sueños donde los veo tambaleándose a través del desierto: hombres provenientes de Michoacán, de sitios que he visitado; hombres perdidos que vagan sin rumbo, sin agua ni comida, muriendo lentamente mientras buscan una carretera, un poblado, una salida. En mis pesadillas yo trato de encontrarlos, y los busco en vano hasta que finalmente me topo con sus restos, cadáveres hediondos que yacen bocabajo sobre la arena del desierto: hitos humanos perdidos en medio de una vasta y ardiente inmensidad.

En 1706, el sacerdote italiano Eusebio Kino alcanzó la cima del pico volcánico que se ubica al sur de la línea fronteriza internacional que, ciento cincuenta años más tarde, acabaría separando el territorio de los Estados Unidos de las tierras vecinas de México. Desde este punto de observación privilegiado, el padre Kino dirigió su mirada más allá de la inmensa extensión de dunas y coladas de lava negra, hasta alcanzar a vislumbrar la resplandeciente curva azul del Mar de Cortés. Fue entonces cuando el padre Kino, el primer hombre blanco que logró llegar a este sitio tan elevado e inhóspito, reconoció lo que los nativos del desierto ya sabían desde hacía mucho tiempo: que la masa continental de la Baja California no era una isla, como los conquistadores y los misioneros siempre habían pensado, sino que se encontraba conectada al resto del continente americano a través de una estrecha península que se descolgaba en medio de estas aguas antiguas y rebosantes. Al otro lado, más allá de los pálidos médanos y las aguas relucientes, el padre Kino alcanzó a atisbar la desembocadura del río Colorado y los boscosos picos de la Sierra de San Pedro Mártir, las cumbres más elevadas de la península.

Tras descender hacia las dunas, el padre Kino se encontró con un pueblo nómada. Esta tribu solía despejar largas franjas de terreno desértico para llevar a cabo ceremonias en las que trazaban gigantescas figuras sobre la superficie de la tierra, formas humanas y animales marcadas sobre el suelo del desierto y delineadas con rocas cuidadosamente emplazadas. Durante incontables siglos, este pueblo había morado en aquel entorno de cráteres, calderas colapsadas y escarpadas montañas medio enterradas bajo la arena. Eran muy pocas las personas con las que se topaban. Ocasionalmente intercambiaban productos con las tribus vecinas y permitían el libre paso a los peregrinos que cruzaban aquellas áridas tierras con el propósito de recolectar sal a orillas del mar cercano.

Al padre Kino, aquellas gentes que apenas sobrevivían alimentándose de raíces y lagartijas le parecieron enclenques y harapientas. Pero ellos comprendían que la vida en el desierto era posible, una vida por la que valía la pena luchar. Para los europeos, toda aquella región era un malpaís, un territorio yermo, pero para aquellos cuyas vidas transcurrían allí era un sitio inextricable del resto del territorio que lo rodeaba, una sola extensión ininterrumpida.

Finalmente, después de tres meses en la unidad de adiestramiento, nos separaron y asignaron en turnos rotatorios bajo las órdenes de varios oficiales. A mí me tocó trabajar el turno de medianoche, en compañía de Mortenson, un oficial que ya llevaba cuatro años en la Patrulla. Te voy a decir algo, me confesó durante nuestro primer turno juntos. Me saca mucho de onda cuando me toca ser oficial. Parece que fue ayer cuando yo todavía era un novato. Mi primer oficial era duro como la chingada, dijo, y se rio. Se la pasaba hablando de la "vieja patrulla" y de la "nueva patrulla", y de cómo debería estar prohibido que los agentes de menos de ocho años en la fuerza se convirtieran en oficiales. Pero eso fue antes de la ola de reclutamiento: ahora hay tanta gente entrando y saliendo de la estación, que incluso los recién llegados ascienden en seguida. Mortenson me sonrió. Así que heme aquí, tu nuevo y flamante oficial.

Mira, no te molestes en llamarme "señor" y todas esas pendejadas, me dijo, mirándome de soslayo mientras conducía por la autopista. Mi viejo era el policía más cabrón del mundo; me obligó a llamarlo "señor" desde que tengo memoria. Carajo, tengo veintitrés años y todo lo que conozco son las fuerzas del orden. Mortenson clavó su mirada en la oscuridad que se extendía más allá de los faros del vehículo. ¿Y tú qué onda?, me preguntó. Yo también tengo veintitrés, le respondí. Ahí está, ¿ya ves? Lo que menos necesito es un tipo de mi edad tratándome de "señor". Pero, bueno, qué demonios, añadió, con una sonrisa burlona, te daré chance de lavar la nave cuando termine el turno.

Una madrugada, antes de que amaneciera, Mortenson me llevó al puerto de ingreso. Es bueno hacer amistad con los agentes de la aduana, me dijo: ellos vigilan el tráfico peatonal y los vehículos que ingresan a través del puerto, y nosotros nos encargamos de todo lo que está en el medio. Si llegas a caerles bien, puede que a veces te den algunos buenos pitazos. Me presentó con uno de los supervisores y consiguió que nos dieran permiso de monitorear las cámaras en la sala de video. Por espacio de una hora observamos aquella retícula de imágenes de edificios y caminos pobremente iluminados que rodean el puerto de ingreso, hasta que el sol comenzó a brillar y anegó las pantallas con su resplandor. Mortenson señaló uno de los monitores en el extremo izquierdo, donde miramos las siluetas pixeleadas de dos hombres y una mujer que trataban de abrir un agujero en la cerca peatonal. Salimos disparados de la sala y corrimos hacia el lugar, y justo al doblar la esquina alcanzamos a ver cómo los dos hombres volvían a meterse al hueco para regresar a México. La mujer se quedó parada junto a la cerca, demasiado asustada para correr.

Mientras Mortenson inspeccionaba la abertura, la mujer se soltó a llorar a mi lado. Me contó que era su cumpleaños, que estaba cumpliendo veintitrés años y me suplicó que la dejara a ir, que nunca jamás trataría de cruzar de nuevo. Mortenson se volvió para mirarla y luego soltó una carcajada. La fiché la semana pasada, me dijo. La mujer no dejó de hablar nerviosamente mientras caminábamos de regreso al puerto de ingreso, y yo me quedé con ella en el estacionamiento en lo que Mortenson volvía con nuestras cosas. Me dijo que era de Guadalajara, que había tenido problemas allá y que ésta era la cuarta vez que intentaba cruzar. Me juró que ahora sí se quedaría en México, que regresaría y terminaría su carrera en la escuela de música. Te lo juro, me decía, y me miraba a los ojos y me sonreía. Voy a ser cantante, ¿sabes? Te creo, le respondí, devolviéndole la sonrisa. Dijo que estaba segura de que yo era un buen hombre, y antes de que Mortenson regresara del puerto deslizó furtivamente su *green card* falsificada en mi mano. No quiero meterme otra vez en problemas en el centro de procesamiento como la última vez, me dijo. Miré hacia el puerto y me guardé la tarjeta en el bolsillo. Cuando Mortenson regresó, la subimos a la patrulla y enfilamos al norte, rumbo a la estación. Nos pasamos el viaje riendo y aplaudiendo mientras la chica cantaba "Bidi Bidi Bom Bom" desde el asiento trasero. Va a ser cantante, le conté a Mortenson. La mujer sonreía, radiante. Carajo, replicó mi oficial, pero si ya lo es.

Esa noche, cuando finalmente me permitieron patrullar solo, permanecí sentado en el interior del vehículo, contemplando las tormentas que surcaban el páramo iluminado por la luna. Fueron tres las que vi:

la primera rumbo al sur, del lado de México; la segunda al pie de las montañas que se encontraban al este, y la tercera revoloteando justo detrás de mí, tan cerca que alcancé a sentir las ráfagas de aire cálido y unas cuantas gotas de lluvia. A lo lejos, los relámpagos surgían como líneas de neón ardiente que iluminaban el desierto con una pavorosa luz blanca.

En la estación me entregaron las llaves de una vagoneta de transporte y me ordenaron que fuera a la reservación, a recoger a dos indocumentados que habían sido vistos vagando por las calles de un pequeño poblado. Ya había oscurecido cuando finalmente llegué al pueblo, entre cuyas viviendas dispersas descubrí pocas señales de vida, mientras conducía buscando a los descorazonados migrantes. En el centro del poblado, en medio de un lote baldío, se levantaba una pequeña iglesia de adobe. Me di cuenta de que la puerta de la iglesia estaba entreabierta. Estacioné la vagoneta y dejé las luces encendidas para que alumbraran la entrada. Caminé hacia la pesada puerta de madera y me apoyé con todo mi peso para abrirla, lo que ocasionó que ésta chirriara violentamente al raspar el suelo y produjera un eco que rebotó en el lúgubre interior.

Dentro de la iglesia, el haz de mi linterna destelló sobre las pequeñas guirnaldas doradas que colgaban del techo. Un enorme lienzo que representaba a la Virgen de Guadalupe colgaba sobre el altar, y justo debajo descubrí a dos personas acostadas sobre una manta que habían extendido en el espacio entre el altar y las bancas. Cuando me acerqué a ellos, un hombre me miró con los ojos entornados y la mano alzada para protegerlos de la luz. Estamos descansando un poquito, me dijo. Es que estamos perdidos y muy desanimados. Una mujer se acurrucaba a su lado, con el rostro cubierto. El hombre se incorporó a medias, apoyándose en uno de sus codos, y me contó que habían cruzado la frontera hacía cuatro días, y que su guía los había abandonado la primera noche porque no podían seguirles el paso a los demás. Estuvieron perdidos varios días, dijo, sin más agua para beber que la que encontraban en los inmundos bebederos para ganado. Puede ser muy fea la frontera, le dije. El hombre meneó la cabeza. Pues sí, respondió, pero es aún más feo de donde nosotros venimos.

El hombre me contó que procedían de Morelos. Mi esposa y yo sólo venimos a buscar trabajo, me dijo. Guardó silencio y se frotó los ojos. Traigo agua fresca, les dije. Y en la estación hay jugo y galletas. El hombre me miró por un instante y luego sonrió débilmente, y me pidió permiso para reunir sus pertenencias. Metió un par de objetos dentro de una mochila y luego ayudó a su esposa a levantarse. Las mejillas de la mujer estaban surcadas de lágrimas y, cuando se giró hacia mí, me di cuenta de que estaba embarazada. ¿Cuántos meses tiene?, le pregunté. La mujer apartó la mirada y el hombre respondió por ella. Seis, dijo, y sonrió. Mi esposa habla muy bien el inglés, me dijo, echándose la mochila al hombro. Se detuvo ante el altar, agachó la cabeza y se persignó. Aguardé junto a la puerta mientras el hombre murmuraba una oración. Gracias, lo escuché susurrar. Gracias.

Una vez afuera, observé sus caras bajo el resplandor de los faros de la vagoneta. La mujer parecía ser muy joven. ¿Dónde aprendió inglés?, le pregunté. En Iowa, susurró. Ahí me crié, me contó. Incluso obtuve mi certificado de estudios secundarios. Permanecía con la cabeza agachada mientras hablaba, y rehuía mi mirada, limitándose a echar breves vistazos a mi uniforme. ¿Por qué se marchó?, le pregunté. Me contó que había regresado a Morelos a cuidar a sus hermanos pequeños tras la muerte de su madre. En Morelos me ganaba la vida dando clases de inglés en un jardín de niños, dijo. Incluso enseñaba a los adultos, los preparaba para el viaje al norte. Por unos segundos lució un aire orgulloso, pero luego sacudió la cabeza. Pero allá el dinero no alcanza. Miró a su esposo. Fue idea mía cruzar, dijo. Quería que nuestro hijo tuviera una vida aquí, como la que yo tuve.

El hombre me miró a los ojos por un instante, a la luz de los faros. Mire, me dijo, ¿no podría usted regresarnos a México, como hermanos? Podría llevarnos a la frontera, me suplicó, y dejarnos ahí, en la línea. Como hermanos. Suspiré y giré la cabeza en dirección a la oscuridad que se extendía más allá de la iglesia, y la contemplé con los ojos entornados. Tengo que detenerlos y llevarlos a la estación, les dije. Es mi trabajo. El hombre respiró muy hondo y asintió con la cabeza; subió a la parte posterior de la vagoneta y extendió los brazos para ayudar a su mujer a subir.

Les señalé una caja con botellas de agua en el piso del vehículo. Bébanla, les dije. Cogí la reja metálica pero me detuve antes de cerrarla. ¿Cuáles son sus nombres?, les pregunté. El hombre me lanzó una mirada extrañada y se volvió para mirar a su mujer. Y entonces, como si nada, se presentaron uno por uno. Repetí sus nombres y les dije el mío. Mucho gusto, les dije. Me respondieron con sonrisas amables. Igualmente. Aparté la mirada, tranqué la reja metálica y cerré la puerta de la vagoneta.

Una vez instalado tras el volante, me volví para mirar a la pareja a través de la barrera de plexiglás. El hombre abrazaba a la mujer y le susurraba palabras tiernas al oído, mientras la acunaba entre sus brazos. Justo antes de encender el motor alcancé a escuchar el suave murmullo de su llanto. Y mientras conducía por las calles sin nombre de aquel poblado, tratando de encontrar el camino de regreso a la autopista, pensé por un momento que me había perdido. A unos metros de la última casa del pueblo distinguí, sentado en la oscuridad, en la periferia de la luz que arrojaban los faros, un perro blanco que contemplaba el cielo nocturno.

En la estación, clasifiqué las pertenencias de la pareja enfrente de ellos, y deseché los productos perecederos y los objetos afilados. Les pedí que se quitaran los cinturones y las agujetas de los zapatos; coloqué etiquetas en sus mochilas y les entregué un boleto de reclamo. Conté y tomé nota de la cantidad de dinero que llevaban, en pesos y en dólares, y luego se la devolví, con la recomendación de que la ocultaran bien. En el centro de procesamiento llené sus formas de repatriación voluntaria y registré sus nombres en la computadora. Antes de meterlos a su celda, les deseé mucha suerte en su viaje de regreso y les pedí que tuvieran mucho cuidado, que pensaran en su hijo.

Más tarde, aquella misma noche, mientras me encontraba sentado tras el volante de la vagoneta de transporte, escuchando los reportes que surgían de la radio, me di cuenta de que había olvidado sus nombres.

Los límites actuales entre México y Estados Unidos quedaron principalmente definidos en el Tratado de Guadalupe Hidalgo, firmado en 1848, después de casi dos años de guerra entre las repúblicas vecinas. La nueva frontera acordada comenzaría "en la costa del mar Pacífico, distante una legua marina al sur del punto más meridional del puerto de San Diego", y avanzaría hacia el este siguiendo "el límite que separa la Alta de la Baja California", hasta alcanzar el río Colorado a la altura del poblado de Yuma. El tratado dictaba que la línea fronteriza seguiría entonces el curso del río Gila, que iniciaba en la convergencia de éste con el río Colorado, y hasta llegar a la frontera con Nuevo México, donde el límite se apartaría de las aguas del Gila en una línea recta que avanzaría hasta encontrarse con el río Bravo, al norte de la ciudad de El Paso. Allí, la línea se tornaría nuevamente fluida, "siguiendo el canal más profundo" del río hasta su desembocadura en el Golfo de México, "tres leguas fuera de tierra frente a la desembocadura del río Grande, también llamado por otro nombre río Bravo del Norte".

El artículo V del tratado estipulaba que "para consignar la línea divisoria con la precisión debida, en mapas fehacientes, y para establecer sobre la tierra mojones que pongan a la vista los límites de ambas repúblicas... nombrará cada uno de los dos Gobiernos un comisario y un agrimensor que se reunirán antes del término de un año... en el puerto de San Diego, y procederán a señalar y demarcar la expresada línea divisoria en todo su curso, hasta la desembocadura del río Bravo del Norte". Y agregaba que "La línea divisoria que se establece por este artículo, será religiosamente respetada por cada una de las dos repúblicas".

Tras la ratificación del tratado, ambos países designaron comisionados y agrimensores que se encargarían de establecer la nueva línea divisora. El levantamiento topográfico fue originalmente llevado a cabo bajo la cuestionable supervisión de John Russell Bartlett, un librero de Nueva York con influencias en las altas esferas de la política y una enorme sed de aventura. Después de numerosos tumbos y tirones, la comisión estableció el punto inicial de la frontera sobre la costa del Pacífico y lo señaló con un "monumento significativo", y efectuó una determinación similar en la confluencia de los ríos Gila y Colorado, donde se colocó otro monumento. Entre estos dos puntos, la comisión marcó la frontera con otros cinco mojones intermedios.

Años más tarde, en 1853, la línea divisora fue modificada por el Tratado de La Mesilla, conocido en los Estados Unidos como la Compra de Gadsden. En vez de seguir el cauce natural del río Gila a su paso por Arizona y hasta la frontera con Nuevo México, el nuevo acuerdo estipulaba el establecimiento de una línea rígida que pivotearía hacia el sur desde Yuma y que correría al este del río Bravo, lo que añadiría de esta forma más de setenta mil kilómetros cuadrados de territorio a los extremos meridionales de Arizona y Nuevo México.

En el artículo primero de este nuevo tratado, se estipuló que cada uno de los gobiernos designaría nuevamente a un comisionado cuyo deber sería "recorrer y demarcar sobre el terreno la línea divisoria estipulada por este artículo, en lo que no estuviere ya reconocida y establecida". Durante los tres años que siguieron a la ratificación del tratado, se efectuó una nueva inspección topográfica que contó con la participación de muchas de las mismas personas que habían colaborado en la primera comisión. El nuevo comisionado, William H. Emory, ejerció su labor con gran convicción, considerando muy "afortunado" el hecho "de que dos naciones que difieren tanto en cuestión de leyes, religión, costumbres y necesidades materiales, deban hallarse separadas por líneas". Y aunque lamentó que la nueva frontera limitaría "la inevitable fuerza expansiva" de los Estados Unidos, no obstante afirmó con especial fervor que "en todo el continente americano no existe ninguna otra línea divisoria que resulte más adecuada para el cumplimiento de este propósito".

En el curso de su labor a lo largo de la frontera internacional, las expediciones agrimensoras dirigidas por Emory erigieron —además de los seis monumentos previamente colocados a lo largo de la frontera de California con México, y que todavía eran aprovechables— cuarenta y seis monumentos más a lo largo de la nueva línea trazada entre el río Colorado y el río Bravo, dejando por sentado, por primerísima vez, la totalidad de una frontera que hasta entonces sólo había existido sobre el papel y en las febriles mentes de los políticos.

Los agentes hallaron a Martín Ubalde de la Vega y a sus tres compañeros en un campo de tiro ubicado a más de 80 kilómetros al norte de la frontera. Los cuatro hombres habían pasado seis días en el desierto, y llevaban ya cuarenta y ocho horas deambulando bajo el calor de julio sin agua ni alimentos. Al momento del rescate, uno de ellos ya se encontraba muerto. De los sobrevivientes, uno fue atendido en el hospital y dado de alta enseguida, mientras que otro permanecía en terapia intensiva, después de haber despertado de un coma sin recordar su nombre. Cuando llegué al hospital y pregunté por el tercer sobreviviente, las enfermeras me explicaron que se estaba recuperando de un fallo renal y me condujeron a su habitación, donde el hombre yacía escondido como una piedra negra entre las sábanas blancas.

Me habían encargado vigilar a De la Vega hasta que su condición se estabilizara, momento en el que tendría que conducirlo a la estación para iniciar los trámites de deportación. Me instalé en una silla junto a su cama, y después de varios minutos de silencio, le pedí que me hablara de él. De la Vega respondió con timidez, como si no estuviera muy seguro de qué decir, o de cómo hablar. Me pidió disculpas por su español y me explicó que sólo conocía las palabras que había aprendido en la escuela. Era originario de la selva de Guerrero, me contó, y en su pueblo todos hablaban mixteco y se dedicaban al cultivo de la tierra. Era padre de siete hijos, cinco niñas y dos niños. Su hija mayor vivía en California y él había cruzado la frontera con el plan de ir allá a vivir con ella y buscar trabajo.

Pasamos las siguientes horas mirando telenovelas y ocasionalmente él se volvía hacia mí para preguntarme por las mujeres estadounidenses, si de verdad eran como las que salían en la televisión. Comenzó a contarme sobre su hija menor allá en México. Acaba de cumplir dieciocho años, me dijo. Podrías casarte con ella.

Esa misma tarde De la Vega fue dado de alta. La enfermera le trajo sus pertenencias: un par de jeans y unos tenis con agujeros en las suelas. Le pregunté a De la Vega qué había pasado con su camisa. No lo sé, me respondió. Miré a la enfermera y ella se encogió de hombros y me dijo que así había llegado. No tenemos nada de ropa aquí, replicó, sólo batas de hospital. Mientras nos dirigíamos hacia la salida, observé que todas las miradas se clavaban en el torso desnudo del hombre. Me lo imaginé en los días venideros, solo y semidesnudo, acarreado a través de tierras extranjeras, fichado y trasladado de dependencia en dependencia, para finalmente ser despachado en autobús a la frontera para que reingresara a su país.

Una vez que salimos al estacionamiento, lo instalé en el asiento de pasajero de mi patrulla y abrí el maletero. Me desabroché la fornitura, me desabotoné la camisa del uniforme y me quité la camiseta blanca que llevaba debajo. Volví a ponerme el uniforme, me dirigí hacia la puerta del copiloto y le ofrecí mi camiseta.

Antes de abandonar la ciudad le pregunté si tenía hambre. Deberías comer algo ahora, le dije; en la estación sólo hay jugo y galletas. Le pregunté qué quería comer. ¿Qué comen los americanos?, me preguntó. Solté una carcajada. Aquí casi siempre comemos comida mexicana. Me miró con incredulidad. Pero también comemos hamburguesas, le dije. Nos dirigimos a un McDonalds, y cuando nos encontrábamos ante la ventanilla de autoservicio, De la Vega se volvió hacia mí y me dijo que no tenía dinero. Yo te invito, le dije.

Mientras nos desplazábamos rumbo al sur a través de la dilatada autopista, sintonicé una estación mexicana en la radio y los dos estuvimos escuchando los sonidos de la música norteña mientras De la Vega se comía su almuerzo. Cuando terminó, se quedó muy callado a mi lado mientras contemplaba el desierto. Y entonces, en un susurro que parecía dirigido a mí o tal vez a alguien más, comenzó a describir la temporada de lluvias en Guerrero, la selva húmeda y frondosa, y yo me pregunté si alguna vez habría imaginado la existencia de un lugar como éste, un lugar en donde uno de sus compañeros encontraría la muerte y en donde otro llegaría a olvidar su propio nombre, un paisaje donde la tierra aún bullía con furia volcánica.

Mientras buscaba huellas sobre la carretera fronteriza, me topé con una serpiente chirrionera que trataba de entrar a México a través de la cerca peatonal. El animal se deslizaba a lo largo de la malla, buscando la manera de continuar su camino hacia el sur, golpeando con su cabeza el metal oxidado, una y otra vez, hasta que la guié hacia la amplia abertura de una rejilla. Cuando al fin logró cruzar y llegar al camino adyacente, me quedé un rato parado junto a la cerca, viendo del otro lado de la malla y admirando las onduladas huellas que quedaron sobre la arena.

Una mujer que se encontraba del otro lado de la cerca me hizo señas cuando pasé a su lado en la carretera fronteriza. Detuve el vehículo y me acerqué a ella. Con voz angustiada me preguntó si no sabía yo algo de su hijo. Me contó que el muchacho había cruzado unos días atrás, o tal vez hacía una semana, no estaba segura. Desde entonces no había tenido noticias de él, nadie había escuchado nada, y ella no sabía si lo habían arrestado o si se encontraba perdido en algún lugar de aquel desierto, o siquiera si seguía vivo. Estamos desesperados, me dijo, con la voz trémula. Tenía una de sus manos apoyada contra el pecho; la otra, temblorosa, se aferraba la malla. No recuerdo qué fue lo que le dije, si anoté el nombre de su hijo, o si le di el número de alguna oficina lejana o de algún servicio de atención telefónica, pero recuerdo que más tarde pensé en De la Vega, en sus compañeros muertos y delirantes, y en todas las preguntas que debí haberle hecho a la mujer. Esa noche llegué a casa y arrojé mi fornitura y mi uniforme sobre el sofá. Completamente solo, de pie en la sala vacía, llamé a mi madre. Estoy bien, le dije. Estoy en casa.

Tres décadas después de la firma del Tratado de La Mesilla, tuvieron lugar en Washington una serie de convenciones entre diplomáticos mexicanos y estadounidenses, en 1882, 1884 y nuevamente en 1889, con la finalidad de examinar la situación de la frontera entre las dos naciones. En los años transcurridos desde que la comisión agrimensora finalizara sus labores, en 1857, un creciente número de colonos se habían trasladado hacia el sureste para trabajar las tierras y las nuevas minas recién descubiertas en los límites de la frontera internacional. En diversos puntos, la ubicación exacta de la línea divisoria se había convertido en objeto de controversia y debate, creando enormes dificultades para las autoridades gubernamentales a ambos lados de la frontera. En algunos casos, se denunció que las partes en disputa habían llegado a destruir o a cambiar de lugar los mojones fronterizos que, con gran costo para ambos países, habían sido erigidos durante las décadas anteriores.

Tras estas convenciones binacionales, se decidió la organización de una nueva comisión mixta, encargada de determinar "(a) la condición de los mojones actuales; (b) el número de mojones destruidos o desplazados; (c) los lugares, colonizados o aptos para ser colonizados en algún futuro, donde sería aconsejable emplazar más mojones de los existentes a lo largo de la línea; (d) las características de los nuevos mojones requeridos, fueran estos de piedra o de hierro; y su número aproximado en cada caso". Las convenciones exigieron la creación de una nueva comisión internacional dotada de poder y autoridad para reubicar los mojones ausentes o aquellos que se encontraban mal situados, "para erigir nuevos monumentos en caso de que éstos hubieran sido destruidos", y "para colocar nuevos hitos en dichos puntos, tantos como sean necesarios y acordados de manera conjunta".

Con la intención de consolidar una línea fronteriza bien demarcada y normativizada, los acuerdos de las convenciones estipulaban que "la distancia entre dos mojones consecutivos no podría ser nunca mayor a 8 000 metros, y que este límite podría reducirse en aquellas partes habitadas, o susceptibles de ser habitadas, de la línea fronteriza". En el transcurso de los trabajos subsiguientes, la comisión halló que la mayor parte de los mojones originales no eran otra cosa que "burdas pilas de rocas… al tiempo que se encontró que, en algunos casos, la distancia entre ellos era de hasta 30 y 50 kilómetros… y, en un caso, de hasta de 162 kilómetros". Algunos mojones habían desaparecido por completo, dispersados por el viento y la lluvia, o devorados por el entorno, como si jamás hubieran existido.

El cumplimiento de los deberes de la comisión dio lugar en definitiva a la reparación y reemplazo de 43 de los mojones fronterizos originales, y a la instalación de 215 monumentos de hierro adicionales. El informe que la comisión presentó se jactaba de haber mejorado el emplazamiento y demarcación de los casi mil ochenta y siete kilómetros de la línea fronteriza, al reducir la distancia promedio entre mojones a poco más de cuatro kilómetros entre ellos. De esta forma, y por primera vez en la historia, aumentó la probabilidad de que una persona, al cruzar la línea en dirección al norte o al sur, se topara con pruebas de la existencia de una frontera, en la forma de pequeños obeliscos colocados sobre la tierra que apuntaban hacia la inmensa bóveda celeste.

Morales y yo arrestamos a dos hombres que vagaban sin rumbo en la oscuridad del desierto, alejados de toda ruta conocida. Los hombres no corrieron al vernos, sino que se dejaron caer de rodillas y alzaron sus manos temblorosas ante el pálido fulgor de nuestras linternas. Asintieron tímidamente y obedecieron las órdenes que les dimos. Y mientras los conducíamos en fila india hacia la patrulla, observé su modo de andar: pesado y desprovisto de toda determinación.

Afuera del centro de procesamiento, Morales y yo conversamos con los dos hombres mientras registrábamos sus pertenencias. Eran de nuestra edad, de veintitantos años, y ambos procedían del mismo pueblo serrano de Oaxaca. Uno de ellos llevaba puesta una gorra de beisbol con la imagen de una hoja de mariguana bordada al frente. ¿Te crees mucho por llevar puesta una gorra con la imagen de la mariguana?, le preguntó Morales. El tipo pareció confundido. No sabía que era una gorra de mariguano, respondió. Era el único tipo de gorra que vendían. Su compañero, menudo y barrigón, escuchaba la conversación con aire preocupado. ¿Entonces así se mira la mariguana?, preguntó.

Morales y yo hurgamos en sus mochilas y apartamos los líquidos, los alimentos perecederos y cualquier cosa que pudiera ser usada como arma. En la mochila que pertenecía al hombre de la gorra, Morales descubrió una bolsa llena de tasajo. El tipo sonrió. Yo mismo lo preparé, presumió, irguiéndose ligeramente. Morales miró con avidez la carne seca. Pruébela, le animó el hombre, no se echa a perder. No, gracias, respondió Morales.

En el fondo de la mochila del barrigón encontré una bolsa con saltamontes, y otra llena de diminutos peces secos. El tipo se rio. Es comida típica de Oaxaca, nos dijo. Pruebe los chapulines, me sugirió, señalando los insectos. Vacié unos cuantos sobre la palma de mi mano y le lancé una mirada a Morales antes de echármelos a la boca. Los oaxaqueños se rieron. No está mal, les dije. Sabe a limón con sal. Los hombres me miraron con entusiasmo. A ver si le gustan los charales, dijeron, señalando la bolsa con los pescados secos. Me llevé uno a la boca e hice una mueca a causa de lo salado que estaba. Reté a Morales para que también los probara. Al demonio, respondió Morales, voy a comerme el tasajo. Durante un breve rato permanecimos en compañía de aquellos dos hombres, y reímos y comimos mientras escuchábamos historias de sus hogares.

Mientras Morales se disponía a escoltarlos hacia el centro de procesamiento, yo junté los artículos que íbamos a desechar. Estaba a punto de tirar una pequeña botella de agua cuando el barrigón me susurró que no lo hiciera, que aquella botella contenía mezcal fabricado en el rancho de su abuela. Su propio padre recolectaba el maguey en las montañas que rodeaban su pueblo, dijo, y lo añejaba durante seis meses. Está en su mero punto ahorita, me dijo, lléveselo. No se echa a perder.

Casi al finalizar mi turno, Mortenson me llamó a la sala de procesamiento y me pidió que tradujera las declaraciones de dos niñas que acababan de traer, dos hermanas de nueve y diez años de edad que fueron detenidas en compañía de dos mujeres en el centro de control fronterizo. Me pidió que les preguntara lo básico: ¿Dónde está su madre? En California. ¿Quiénes son las mujeres que estaban con ustedes? Amigas. ¿De dónde vienen? De Sinaloa. A su vez, las niñas me acribillaron con preguntas nerviosas: ¿Cuándo podrían regresar a su casa? ¿Dónde estaban las mujeres que iban con ellas? ¿Podían llamar por teléfono a su madre? Traté de explicarles la situación, pero eran demasiado pequeñas y estaban demasiado aturdidas, demasiado angustiadas por hallarse entre tantos hombres uniformados. Uno de los agentes les regaló una bolsa de Skittles, pero ni siquiera entonces las niñas pudieron sonreír o decir gracias. Simplemente se quedaron ahí, pasmadas, mirando los dulces con horror.

Cuando los agentes se llevaron a las niñas a una celda, le dije a Mortenson que debía marcharme. Ya acabó mi turno, le dije. Pero él me contestó que aún debían interrogar a las mujeres que detuvieron en compañía de las niñas, y me pidió que me quedara e hiciera de traductor. Ya no puedo ayudar más, le contesté. Necesito irme a casa. Y mientras me alejaba de la estación, traté de no pensar en las niñas y las manos comenzaron a temblarme sobre el volante. Tenía ganas de hablar con mi madre, pero era demasiado tarde para telefonearle.

Varias horas después del atardecer, Morales y yo nos encontramos al pie de un remoto sendero, alertados por un sensor que se disparó. Recorrimos las laderas pedregosas, alumbrados por la luz de las estrellas, hasta que llegamos a un sitio donde un estrecho desfiladero ascendía abruptamente hacia un paso de montaña. Morales sacó su linterna y se puso en cuclillas al tiempo que cubría la lente con su mano, y dirigió la luz atenuada sobre una pequeña zona del sendero. Este rastro es de hace días, dijo. Alzó la vista y contempló el oscuro contorno de las montañas. Te apuesto a que quien sea que activó el sensor aún sigue allá arriba, en lo alto del paso, susurró.

Decidimos esperar a que el grupo de migrantes bajara. Nos ocultamos detrás del tronco retorcido de un mezquite, Morales sentado con las piernas cruzadas y yo tumbado sobre el suelo del desierto tras haberme contorsionado hasta hallar un sitio despejado de rocas. Morales alisó una franja de tierra con las manos y luego se puso a trazar espirales sobre ella, mientras yo contemplaba el cielo nocturno, maravillado ante el espectáculo de la Vía Láctea cruzando el firmamento como una nube de polvo centelleante. Por espacio de una hora, todo lo que escuchamos fue el canto de un grillo cercano y el apagado correteo de las ratas canguro. De vez en cuando yo interrumpía el silencio para señalar una estrella fugaz y preguntarle en susurros a Morales si la había visto. Sí, bato, sí la vi.

Transcurrida otra hora en completo silencio, estiré la mano y toqué la rodilla de Morales. ¿Qué?, dijo él. ¿Cuánto tiempo más vamos a estar aquí?, le pregunté. Mierda, no lo sé, respondió él. Volvimos a quedarnos callados. Te apuesto a que hay vigilantes en esas colinas, le dije finalmente. Seguro nos vieron subir por el sendero. Morales arrojó una ramita al suelo frente a sus pies. Tal vez el sensor se activó por error, dijo. Podríamos subir al paso. Si aún siguen allá arriba, podríamos arrestarlos, y si no encontramos a nadie, revisaremos el sensor y miraremos si hay huellas cerca de él. Pero yo negué con la cabeza. Si hay vigilantes, el grupo seguramente ya se marchó. Y si no hay vigilantes y el grupo sigue allá arriba, nos escucharán antes de que podamos acercarnos a ellos. Ya he subido por ese desfiladero con Mortenson, le dije. El último trecho es empinado como el carajo y el suelo está cubierto de trozos sueltos de esquisto. Y si de entrada el sensor se activó por error, añadí, pues será una pérdida de tiempo aún más grande.

Atravesamos el desierto para volver a nuestros vehículos, y yo me detuve por un instante para alzar la cabeza y mirar nuevamente el cielo sin luna, en tanto que Morales siguió caminando sin esperarme. Cuando el ruido de sus pasos de alejó, descubrí una luz diminuta vagando sin rumbo sobre la negra bóveda del cielo. Llamé a Morales sin apartar la mirada. Regresa aquí, grité en la oscuridad. Lo escuché mascullar mientras volvía al lugar donde yo me había detenido. ¿Qué chingados quieres?, me dijo, en español. Mira, le respondí, y señalé el cielo. No veo nada, rezongó. Es un satélite, le dije; ahí, alejándose de la Estrella del Norte. Mierda, ya lo vi, dijo finalmente Morales. Cabrón, es la primera vez que veo uno de ésos. Yo también, le respondí. Permanecimos ahí, contemplando el cielo en silencio, rodeados de sombras ocultas en las montañas y los cerros, siluetas que también alzaban sus rostros para mirar las mismas estrellas, aquellos satélites apenas perceptibles que surcaban como bólidos la atmósfera, precariamente sujetos a sus órbitas en los límites más remotos del planeta.

Cuando recibimos el aviso por radio, me preparé para el olor. Es la peor parte, decían siempre los agentes veteranos, el olor. Durante mi primera semana en la estación, uno de ellos me sugirió que siempre cargara a todas partes una pequeña lata de Vick VapoRub. Si llegas a toparte con un cadáver, me dijo, ponte un poco de esa cosa debajo de la nariz, de lo contrario el olor se te quedará pegado durante días.

Llegué al sitio durante las aún bochornosas horas que preceden al ocaso. Hart llevaba ya treinta minutos con el cadáver. Está fresco, me dijo, tal vez sólo tiene un par de horas que murió. Todavía no apesta. Dos adolescentes le habían hecho señas a Hart mientras éste patrullaba la reservación. Colocaron rocas sobre la carretera, me explicó, asintiendo con pena en dirección a los chicos. Mi compañero se quedó inmóvil un instante, con las manos metidas en los bolsillos, y luego me pidió que hablara con ellos. No dejan de hacerme preguntas y no logro entenderlos, me dijo.

Uno de los chicos se hallaba sentado sobre una roca y lucía desorientado. Me dirigí hacia él y le pregunté si conocía al muerto. Es mi tío, me dijo. No dejaba de mirarse las manos mientras me hablaba.

¿Qué edad tienes?, le pregunté. Dieciséis. Miré a su compañero, que se encontraba de pie a pocos metros de él, con las manos metidas en los bolsillos. ¿Y tú?, le pregunté. Diecinueve, me respondió.

El muerto y los dos muchachos provenían del mismo pueblo de Veracruz y habían emprendido juntos el viaje hacia el norte. El que tenía diecinueve años fue el que más habló. Me contó cómo un par de horas antes de morir el hombre había tomado dos píldoras de Sedalmerck, unas pastillas estimulantes que contienen cafeína y que los migrantes a menudo toman para tener más energía, bajándoselas con aguardiente de caña que había traído consigo desde Veracruz. Un par de horas más tarde, contó el muchacho, el hombre comenzó a tambalearse como si estuviera borracho y luego colapsó.

Me aproximé al cadáver. Hart le había cubierto el rostro con una camiseta. Alcé la prenda y lo miré. Tenía los ojos cerrados y su largo cabello oscuro ya lucía como el de un muerto. Había espuma blanca sobre sus labios entreabiertos y tenía la cara cubierta de pequeñas hormigas rojas que caminaban en línea recta hacia la humedad de la boca. Podía ver los costados del abdomen del hombre, ahí donde su camisa se alzaba, y los sitios donde su piel comenzaba a adquirir el tono púrpura de la lividez *post mortem* debido a la sangre que se asentaba. Con la punta de mi bota empujé suavemente uno de sus brazos, agarrotado a causa del *rigor mortis*.

El chico de diecinueve me contó que los tres se habían separado de su grupo. El guía les había ordenado que se dispersaran, que se ocultaran detrás de los arbustos junto a la carretera y que esperaran la llegada del camión de carga. Debieron haberse alejado demasiado, dijo el chico, porque momentos después oyeron que un vehículo se detenía y que luego volvía a arrancar, y después de eso ya no volvieron a ver a nadie del grupo. Abandonados al borde de la carretera, los tres caminaron durante varios kilómetros bajo el sol ardiente de agosto, hasta que el hombre finalmente se derrumbó y murió. Los muchachos se plantaron en la orilla de la carretera y estuvieron haciéndoles señas a los pocos autos que pasaban, pero ninguno se detuvo. Por eso pusieron las rocas, para obligarlos a detenerse, me contaron.

Los muchachos me preguntaron qué pasaría con el muerto y si podían acompañarlo al hospital. Les dije que no, que no podían, que tenían que venir con nosotros para ser procesados para su deportación, y que el cadáver sería entregado a la policía de la reservación. Me preguntaron si el cuerpo regresaría a México con ellos, si podían llevárselo de regreso a su pueblo. Les dije que no era posible, que el cuerpo tenía que ser llevado al servicio forense para que un médico estableciera la causa de muerte. Les dije que ambos serían conducidos al cuartel general de la sección, donde podrían hablar con el cónsul mexicano, pues correspondía al consulado encargarse de los trámites para repatriar el cuerpo. Yo hablaba y el sobrino del muerto miraba fijamente el suelo. Tal vez el cónsul pueda darles algún documento, les sugerí; algo que puedan llevar a casa, a la familia.

Los muchachos no querían separarse del cadáver, y yo mismo, mientras les explicaba los procedimientos, comencé a dudar, por todo lo que había visto durante mi breve estancia en la frontera, si de verdad el cónsul llegaría a recibirlos, si realmente el consulado haría los arreglos necesarios para que el cuerpo pudiera regresar a México, o siquiera si los chicos llegarían a recibir algún trozo de papel con el que pudieran explicarle a la familia del muerto lo que les había acontecido en su travesía hacia el norte. Y mientras yo les explicaba, Hart se acercó y les ordenó a los muchachos que se quitaran los cinturones, las agujetas, los relojes, collares o cualquier otra clase de joyería, y que sacaran de sus bolsillos cualquier encendedor, bolígrafo, navaja u objeto cortante que llevaran. Me le quedé viendo. Ya viene el transporte por ellos, respondió él.

Otro agente, aún más novato que Hart y que yo, llegó al sitio para transportar a los chicos a la estación. Llevaba una cámara para fotografiar el cuerpo, y mientras realizaba su tarea, me di cuenta de que el sobrino del muerto miraba la escena sumido en una especie de trance. Le expliqué que la policía nos exigía las fotografías, y que nosotros también las necesitábamos para redactar nuestros informes en la estación, y el muchacho asintió como si no hubiera escuchado ni entendido una sola palabra, como si hubiera intuido que eso era lo que debía hacer.

Antes de que los metieran a la unidad de transporte, me dirigí hacia los chicos y les dije que lamentaba mucho su pérdida. Es un momento muy difícil, les dije, y también les aconsejé que si alguna vez decidían cruzar de nuevo la frontera, no lo hicieran durante el verano. Hace demasiado calor, les expliqué, y cruzar cuando hace tanto calor significa un gran riesgo para la vida. Les dije que nunca tomaran las pastillas que los coyotes les daban, porque provocaban deshidratación, y les conté que había muchísima gente que moría en aquel lugar, a diario durante el verano, y que muchos otros eran hallados al borde de la muerte. Los muchachos me dieron las gracias, o eso creo, y luego los metieron a la unidad de transporte y se los llevaron.

Cuando al fin me alejé del cuerpo, el sol había comenzado a ocultarse, proyectando su luz cálida sobre los nubarrones de tormenta que comenzaban a formarse hacia el sur. Y mientras conducía en dirección a la tormenta, el cielo y el desierto debajo comenzaron a oscurecerse a causa de la puesta del sol y de la lluvia inminente. Cuando las primeras gotas de la tempestad cayeron sobre el parabrisas de la patrulla, escuché al operador de la radio informar a Hart, quien se había quedado en la escena custodiando al cadáver, que la policía de la reservación no disponía de ningún agente, y que tendría que esperar un rato más con el cadáver.

Más tarde, aquella misma noche, casi al final de nuestro turno, vi a Hart de vuelta en la estación y le pregunté qué había sucedido con el cuerpo. Me contó que la tormenta finalmente se había desatado y que el operador de la radio le había dicho que se fuera y que dejara el cuerpo en aquel lugar, puesto que la policía de la reservación no pensaba hacerse cargo del asunto sino hasta el día siguiente. No hay ningún problema, me dijo, ya tienen las coordenadas. Le pregunté si no había sido raro, estar ahí solo, en medio de la oscuridad, vigilando el cuerpo sin vida de un hombre. Pues no, me respondió. Al menos todavía no apestaba.

Durante un rato seguimos hablando de la tormenta y de aquel cuerpo humano que yacía allí en el desierto, bajo la lluvia, en plena oscuridad, y hablamos también de los animales que podrían acudir más tarde, y de la humedad y el calor inhumanos que llegarían al despuntar la mañana. Hablamos de eso y luego nos fuimos a casa.

Por la noche sueño que rechino los dientes hasta pulverizarlos. Escupo los fragmentos triturados sobre mis palmas y los sostengo en el hueco de mis manos mientras busco a quién enseñárselos, alguien que pueda ver lo que está pasando.

Los distintos hombres encargados de mapear la naciente frontera entre los Estados Unidos y México durante los años que siguieron a la ratificación del Tratado de Guadalupe Hidalgo no pudieron dejar de mencionar lo insólita que resultaba su tarea, y lo extrema y extraña que era la naturaleza de aquel paisaje. En ciertas partes, los informes de la comisión destacaban el carácter "arbitrario" de la línea fronteriza y la naturaleza "impracticable" de su tarea. Los miembros de las expediciones de agrimensura señalaron que "en efecto, gran parte de este país, imaginado por aquellos que residen lejos como un perfecto paraíso, es un erial infecundo, completamente inútil para cualquier otro propósito que no sea el de constituir una barrera o línea de demarcación natural entre las dos naciones vecinas". Tras la Compra de Gadsden, el teniente Nathaniel Michler le comentó al comisionado William H. Emory que "la mente es incapaz de imaginar un territorio más sombrío y yermo... Aquella tierra que asemeja cal viva lo rodea a uno por todas partes; las propias piedras parecen trozos de escoria sacados de un horno de fundición; no hay más pastura que una vegetación enclenque, más desagradable a la vista que el espectáculo mismo de la propia tierra estéril".

Más de treinta años después de haberse llevado a cabo el primer levantamiento topográfico, los agrimensores subsecuentes se encontraron con que las tierras contiguas a la frontera permanecían "escasamente pobladas", y observaron "la prevalencia de espinas en casi toda vegetación; la ausencia general de flores fragantes; el olor resinoso que caracterizaba a los árboles y arbustos más comunes". Los cactus gigantes fueron descritos como "objetos extraños, desgarbados, de aspecto indefenso", provistos de "torpes brazos". En algunos sitios, las tierras de la frontera poseían "una belleza inefable", con montañas que "brotaban de las llanuras como islas en el mar", pero en otros lugares el paisaje era de una "aridez desconsoladora", un sitio de "abandono y desolación".

El equipo de trabajo que partió de El Paso en febrero de 1892 para iniciar las nuevas labores de medición y señalización era una inmensa fuerza de alrededor de sesenta personas, incluídos varios comisionados, ingenieros y astrónomos, así como un secretario, un escribano, un maquinista, un jefe de caravana, un herrero, un intendente, un carpintero, un oficial médico, un actuario, un fotógrafo, un topógrafo, un dibujante, un operador de nivel, y numerosos topógrafos de tránsito, portamiras, baliceros, carreteros, empacadores, cocineros y ayudantes diversos. Para transportar sus provisiones, el grupo empleaba una recua de ochenta y tres mulas y catorce caballos ensillados. La expedición también disponía de una escolta militar facilitada por el Departamento de Guerra de los Estados Unidos, la cual incluía veinte soldados de caballería y un destacamento de treinta infantes "como protección contra los indios y otros maleantes".

Durante los primeros días de la expedición, "los hombres y las bestias se mostraron susceptibles a las privaciones, pero en cuestión de días se acostumbraron a la vida en el campo, y los trabajos progresaron rápida y satisfactoriamente". Para confirmar el curso de la línea fronteriza, los astrónomos y sus asistentes determinaron la latitud empleando "el Método Talcott", es decir, mediante "el intercambio de señales enviadas por telégrafo" en el transcurso de diez días, durante los cuales se observaron las mismas estrellas desde distintas estaciones. Los hombres también emplearon cronómetros, lámparas de queroseno, cintas de hierro, un elipsoide de Bessel, un telescopio cenital montado sobre una plataforma de ladrillos, un sextante montado sobre una plataforma de madera y un teodolito repetidor de Fauth, "provisto, en el plano horizontal de rotación, de abrazaderas de ajuste y tornillos niveladores que funcionaban por medio de resortes en espiral".

Y conforme el equipo de topografía avanzaba por la frontera, diversos contingentes de trabajadores eran continuamente agrupados, reorganizados y enviados por tren o caravana a iniciar las labores en otras secciones distantes de la línea. Estos contingentes a menudo trabajaban en los nuevos asentamientos establecidos a lo largo de la frontera, y el informe de la comisión destacaba "la codicia y ambición de los colonos estadounidenses" y "la amabilidad y cortesía de los oficiales mexicanos". En algunas áreas, estas nuevas tierras anexadas eran tan distantes e ignotas que requerían el envío de expediciones de reconocimiento que pudieran obtener información confiable "sobre las fuentes de agua, los caminos y las características orográficas generales de la región". Los topógrafos describieron aquellos paisajes como sitios desiertos y escabrosos, desolados y ríspidos, salpicados de cerros pedregosos y de escarpadas y aguzadas montañas de pórfido y caliza estratificada, de basalto colorado y rocas ígneas arrojadas junto a cráteres vacíos y volcanes extintos rodeados de lava fracturada.

Al traspasar los rincones más recónditos del desierto, las expediciones agrimensoras a menudo se topaban con las tumbas de viajeros que perdieron la vida antes que ellos. "En un solo día de cabalgata", señalaron los comisionados, "fueron localizadas junto al camino sesenta y cinco de estas tumbas, una de las cuales contenía los restos de una familia entera, quienes murieron todos de sed después de perder a sus caballos, tratando de cruzar el abrasador desierto a pie. Sus cadáveres fueron hallados por viajeros durante la siguiente temporada de lluvias, y la familia entera fue sepultada en la misma tumba, la cual se encuentra cubierta con una cruz hecha de piedras". Y mientras se abrían paso a través del infame Camino del Diablo, los comisionados destacaron en sus informes que "durante la corta época en que este camino fue muy transitado", en plena fiebre del oro de California entre 1840 y 1850, "se cree que cerca de 400 personas murieron de sed... posiblemente una marca sin parangón en toda Norteamérica".

Los topógrafos dejaron en claro que "suministrar agua a las cuadrillas de trabajo en pleno desierto era el mayor problema de la comisión, junto al cual el resto de los obstáculos se volvía insignificante". El reporte final de la comisión reveló que la porción terrestre de la línea divisoria, "a pesar de medir cerca de mil ciento veintiséis kilómetros, sólo atravesaba cinco cauces permanentes entre el Río Bravo y el océano Pacífico". El informe se esmeró cuidadosamente en describir el punto en donde la línea fronteriza se fundía con el Río Bravo, "un cauce de flujo variable y aguas turbias". El río arrastraba consigo "una inmensa cantidad de sedimentos", señalaba el informe, "y por consiguiente se encuentra bordeado de aluviones, debido a los cuales, por efecto de la erosión, se modifica continuamente su cauce". Era como si los topógrafos hubieran querido dejar bien en claro que la frontera, sin importar el enorme esfuerzo realizado para fijarla al terreno, podía seguir cambiando infinitamente su rumbo a capricho de un afluente.

Al finalizar mi turno, mientras me dirigía a mi camioneta, vi a Mortenson parado afuera de la armería en compañía de un grupo de agentes. Fui a saludarlo y me quedé a escuchar lo que uno de los hombres, llamado Beech, les contaba a los demás de la época en que había trabajado como guardia en una prisión. Había un tipo, decía Beech, un cabrón que siempre se estaba cortando. Se los juro por Dios, que lo único en lo que pensaba era en cómo rajarse la piel. No había cosa con la que el tipo no se diera maña para cortarse. Lápices, pedazos de plástico, trozos de cartón, lo que se les ocurra. Carajo, hasta las revistas... Un día entré a su celda y el cabrón tenía los antebrazos llenos de cortadas que se había hecho con hojas de papel, y como mil gotitas de sangre manando de ellas, y el tipo nomás se me quedó viendo como un venado encandilado por las luces de la carretera. Qué enfermo, murmuró Mortenson. Mierda, replicó Beech, y eso no es nada. Un día me llaman a la celda de este cabrón hijo de puta y lo encuentro ahí sentado, con la entrepierna empapada de sangre. El cabrón se había rebanado un trozo de verga con una cuchara de plástico afilada, se los juro. Los agentes maldijeron y uno de ellos arrojó una lata vacía de Monster contra los pies de Beech. ¡Dios santo!, exclamó un agente, al tiempo que se llevaba la mano al vientre. Beech soltó una carcajada. Carajo, replicó, ¿cómo creen que me sentí yo? Tendrían que haberme oído pedir ayuda a la enfermería.

Un agente veterano llamado Navarro meneó la cabeza y se llevó las manos a la fornitura y tiró de ella para acomodarla mejor bajo su flácida panza. Hay gente que es así, dijo, les vale madre. Algunos compañeros asintieron. En Irak me tocó estar con un blanco que estaba bien loco, contó Navarro. Tenía uno de esos piercings en la verga. Los agentes hicieron muecas de dolor. Los muchachos de la unidad lo molestaban mucho porque le gustaba el heavy metal y era muy pinche raro. Le decíamos el Marilyn Manson. Mortenson soltó una risita y Navarro lo miró de reojo. Ese cabrón se la pasaba mirando unas pinches revistas bien enfermas, puro porno con viejas tatuadas y perforadas y esas madres, y un día va y me enseña una fotografía de una verga con la cabeza partida a la mitad, como la lengua de una serpiente. Se los juro por Dios santo, que el cabrón me miró, y así como si nada me dijo que ésa era la siguiente cosa que quería hacerse. Los agentes estallaron en un coro de quejidos y el mismo patrullero que había arrojado la lata de Monster increpó a Navarro por encima de la rechifla: ¿Y sí te lo enseñó, o qué? Los demás agentes se carcajearon. Navarro volvió a acomodarse la fornitura y meneó la cabeza. El cabrón nunca tuvo chance, replicó. Una semana después lo reventaron, bato, así nomás. Yo mismo lo vi con mis propios ojos.

Los agentes dejaron de reír y algunos bajaron la mirada, avergonzados. Pero Beech no bajó la cabeza. Miró a Navarro y asintió ligeramente en su dirección, como pensando que ambos sabían de lo que estaban hablando.

Morales fue el primero en escucharlo, gritando a lo lejos desde un camino de terracería. Avanzó a pie durante dos o tres kilómetros y se encontró con un chico adolescente tirado en el suelo, completamente histérico. El chico llevaba más de veinticuatro horas perdido en un extenso bosque de mezquites, a poco más de treinta kilómetros de la frontera. El coyote que lo había abandonado ahí le dijo que estaba retrasando al grupo. Le entregó al muchacho medio litro de agua, le señaló unos cerros a lo lejos y le indicó que caminara en esa dirección hasta que llegara a una carretera.

Cuando llegué al lugar, el chico estaba sentado en el suelo junto a Morales. Se mecía en la sombra y sollozaba como un niño. Era gordo: los pantalones le colgaban del culo y tenía la bragueta entreabierta, con el cierre roto; la camisa le colgaba de los hombros, y la llevaba puesta al revés y empapada de sudor. Morales me miró y sonrió, y luego se volvió hacia al muchacho. Ya llegó tu agua, gordo. Me arrodillé junto al chico y le entregué un galón. Él le dio un trago y enseguida comenzó a jadear y a gemir. Bebe más, le dije, pero hazlo lentamente. No puedo, gimió el chico. Me voy a morir. No te vas a morir, le dije, todavía estás sudando.

Después de que el muchacho hubiera bebido algo de agua, lo ayudamos a levantarse y tratamos de sacarlo de aquella espesura. Pero él se rezagaba y trastabillaba y gritaba a nuestras espaldas. Ay, oficial, gemía, no puedo. Y mientras tratábamos de abrirnos paso a través de aquella maraña, agachándonos y encogiéndonos y apartando las ramas con las manos, el chico comenzó a contagiarme de su pánico, hasta que finalmente logramos salir del bosque y alcanzamos a distinguir el camino de terracería. ¿Ya viste las camionetas, gordo? ¿Crees que puedes caminar hasta allá? Tal vez deberíamos dejarte aquí, porque no puedes, ¿verdad?

De camino a la estación, el chico recuperó un poco la compostura. Me contó que tenía dieciocho años, que había planeado llegar a Oregon a vender heroína, un puño a la vez. Escuché que puedes ganar muchísimo dinero con eso, dijo. Se quedó callado un largo rato. ¿Sabe?, me dijo finalmente. Realmente pensé que me iba a morir allá entre los mezquites. Le rogué a Dios que me salvara, le recé a la Virgen y a todos los santos, a todos los santos que pude recordar. Es muy extraño, me dijo, yo nunca había hecho eso. Yo nunca he creído en Dios.

Finalmente acabé yendo al hospital a visitar a Morales. Había sufrido un accidente de motocicleta. No llevaba puesto el casco, y hacía rato que veníamos escuchando que había sufrido un traumatismo craneal, que tal vez no sobreviviría. Yo no había querido ir a verlo la semana que estuvo en coma, y mucho menos quise ir durante los días posteriores, cuando finalmente salió del coma insultando a medio mundo y tratando de arrancarse las sondas, cuando aún no reconocía a nadie.

Al entrar en su habitación, me sorprendió ver lo flaco que estaba y lo débil que lucía. Tenía hematomas debajo de los ojos hundidos, una sonda de alimentación en la nariz, una vía intravenosa en el brazo y un tajo que le atravesaba el costado izquierdo del cráneo, al que le habían rasurado la mitad del cabello. Ey, bato, susurró al verme. Le sonreí. Me gusta tu corte de pelo, le dije. Lucía ausente; sus ojos escudriñaban la habitación como buscando algún punto de referencia, alguna señal que pudiera indicarle en qué clase de lugar se encontraba.

Un amigo de la infancia de Morales, también originario de Douglas, se encontraba allí y me contó que Morales no podía ver nada con el ojo izquierdo, pero que los doctores afirmaban que eventualmente recuperaría la visión. La madre y el padre de Morales también se encontraban presentes, y cuchicheaban entre ellos en español. Un poco después de mi llegada, Cole y Hart hicieron acto de presencia aún vestidos con el uniforme, pues recién habían terminado sus turnos. Se instalaron junto a la cama de Morales, y Cole lo tranquilizó y le aseguró que muy pronto volvería al trabajo a dar guerra como antes. Me di cuenta de que a Cole se le empañaron los ojos al hablar. Me disculpé y dije que saldría un momento, que no tardaría en volver.

Me quedé un rato afuera, en el estacionamiento, haciendo acopio de valor. Pensaba en las lágrimas que vi en los ojos de Cole, en la mirada ausente de Morales, en sus padres arrumbados en un rincón, encogiéndose cada vez más conforme la habitación se iba llenando de agentes uniformados que rondaban junto a la cabecera de su hijo. El rostro comenzó a arderme y sentí que mis ojos se humedecían. El resplandor del sol se intensificó. Los contornos de los vehículos y de los árboles a mi alrededor comenzaron a desdibujarse. Cerré los ojos y aspiré profundamente. Decidí que no volvería a entrar al hospital. Que no permitiría que aquella humedad en mis ojos se convirtiera en lágrimas.

Bien entrada la tarde, tomé la carretera fronteriza y durante más de una hora conduje en dirección a la colada de lava, a través de cerros rocosos y extensos valles. La tierra se fue volviendo cada vez más oscura, desprovista de arbustos o cactus conforme me acercaba a la colada. Hacia el sur, una pálida franja de dunas de arena delineaba la base de una anónima cordillera y cobraba tonos purpúreos y arcillosos al aproximarse al horizonte. Mientras conducía muy despacio por el suelo cubierto de lava petrificada, miré aquellas rocas negras que refulgían como si estuvieran mojadas bajo el sol de la tarde, rocas virolentas de cuando la tierra se había derretido y escaldado en medio de erupciones volcánicas, y convertido en una costra fundida que se movía y agrietaba al enfriarse.

Mientras conducía por un pequeño camino de terracería que atravesaba la reservación, el conductor de un coche que iba pasando me hizo señas. Ambos nos detuvimos a un costado de la carretera y descendimos para hablar. El hombre era muy alto y llevaba el cabello largo. Me habló sin apartar la mirada del horizonte. Dijo que se llamaba Adam y que vivía con su familia en un pueblo cercano, un lugar que mis compañeros llamaban el pueblo vampiro. Me contó que varios vehículos extraños habían estado rondando el pueblo, vehículos que él estaba seguro de que no pertenecían a ninguno de los residentes. Es un lugar muy chico, me dijo, nadie más que nosotros los indios tiene motivos para visitarlo. La gente no pasa por el pueblo a menos que sea de ahí, a menos que tenga familia ahí, o algo.

La esposa de Adam bajó del auto y se unió a nuestra conversación en el arcén. Se paró junto a su marido, con las manos metidas en los bolsillos durante todo el rato, menos en los momentos en que se apartaba el cabello de la cara. Se dirigió a mí con gran parsimonia, como midiendo cuidadosamente sus palabras. Hoy en la mañana, me dijo, cuando Adam se fue al trabajo, unos hombres vinieron a la casa. Yo estaba sola, sola con mi hijo. Con un ademán, señaló el auto. La mano le temblaba. El hijo de la pareja se encontraba solo en el asiento trasero y jugaba con una figurilla. Llevaba anteojos, igual que su padre, y cuando lo observé noté que su cuerpecito se estremecía esporádicamente, como tratando de contener una suerte de pánico interior. Súbitamente, el pequeño comenzó a sacudir la cabeza de un lado a otro y luego se asomó por la ventanilla y nos miró con sus ojos magnificados por las gruesas lentes de sus gafas y la boca abierta, como aullando de dolor.

Los hombres que tocaron a la puerta me pidieron agua, siguió contando la esposa de Adam, pero no llevaban ninguna mochila, no parecían migrantes normales. ¿A qué se refiere?, le pregunté. Vivimos a treinta kilómetros de la frontera, me explicó, todo el tiempo llegan migrantes perdidos. Pero estos hombres eran distintos; no parecía que estuvieran perdidos. No se veían cansados, ni asustados, ¿sabe? Llevaban pantalones camuflados pero no mochilas. Y los migrantes siempre llevan mochilas.

Cuando vienen a tocarnos la puerta, continuó la mujer, nosotros les damos agua y luego llamamos enseguida a la Patrulla Fronteriza, y ellos se quedan ahí sentados, esperando a que vengan a recogerlos. Lo único que quieren es que los saquen del desierto. Pero estos hombres se enojaron cuando les dije que iba a llamar a la patrulla. Más le vale que no lo haga, me dijeron. Y luego me pidieron comida y más agua. Me pareció que no tenía más opción, así que les di lo que querían y ellos se lo llevaron consigo de vuelta al desierto.

Ya se han metido en otras ocasiones a la casa, dijo Adam, cuando estamos fuera. La registran de arriba abajo, ya sabe, como buscando armas o algo. Dejan todo hecho un desastre, pero sólo se llevan la comida. Y dejan abierta la llave del agua, siempre la dejan abierta.

La esposa de Adam bajó la mirada y continuó su historia. Esa misma mañana, oí ruidos que venían del desierto; como si estuvieran partiendo ramas muy grandes, o algo parecido. El ruido era tan fuerte que despertó al niño. Un par de horas más tarde vi por la ventana que una vagoneta entraba al pueblo, pasaba frente a la casa y se estacionaba junto a la iglesia. Parecía que se había descompuesto, porque le salía humo del capó y todo eso. Dos hombres se bajaron, un mexicano y un indio, y se pusieron a recorrer todo el pueblo, tocando de puerta en puerta. Fue entonces que llamé a Adam al trabajo.

Le dije que se encerrara con llave, contó Adam, que bajara las persianas y que esperara a que yo volviera a casa. Nunca antes habíamos visto esa vagoneta, ¿sabe? Aún sigue estacionada ahí, justo frente a la iglesia. Miré a Adam y a su esposa. Iré a revisar la vagoneta y comprobaré su matrícula, les dije, finalmente. Si me dejan su número telefónico, les avisaré si llego a encontrar algo.

Justo después de que Adam y su esposa se marcharan, detuve a un vehículo con tres pasajeros que se dirigía a baja velocidad hacia el norte del pueblo. El conductor era mexicano y tenía la cabeza rapada y un aire imperturbable. Estaba cubierto de tatuajes y tenía dos lágrimas tatuadas en la comisura del ojo izquierdo. A su lado, un sujeto ebrio y desdentado se removía en el asiento del pasajero. Le pregunté cuál era su nombre y me respondió que podía llamarlo Michael Jackson. Los pasajeros del auto estallaron en risas. Estoy bromeando, me dijo. Soy indio. Todos volvieron a reírse, con mayor fuerza.

Le pedí a la mujer que viajaba en el asiento trasero que me mostrara su identificación, pero la detuve en cuanto metió la mano a su bolso. Más vale que no lleve ningún arma ahí dentro, le dije. Ella me miró y se soltó a reír, y los demás se carcajearon de nuevo, aún más estruendosamente, lo cual me produjo revulsión. Hablé por radio y pedí que revisaran los antecedentes de los pasajeros, y el operador me informó que el sujeto ebrio tenía una orden de aprehensión girada por el *sheriff* del condado, por tráfico de drogas. Le informé al operador que el hombre pertenecía a una tribu local, y le pedí que solicitara asistencia a la policía de la reservación.

Volví al vehículo y le pedí al ebrio que bajara del auto y lo escolté hacia mi patrulla. Tiene una orden de aprehensión en su contra, le dije. Oh, respondió él, está bien. Voy a esposarlo y a meterlo en la parte posterior de mi patrulla, en lo que solucionamos este asunto, ¿comprende? Está bien, respondió él, bamboleándose. Lo encerré en el asiento posterior y vi cómo se doblaba y se soltaba a llorar.

Caminé de regreso al auto y le pedí al conductor su consentimiento para revisar el vehículo. El hombre me fulminó con la mirada. Escucha, imbécil, le dije, puedes mirarme todo lo que quieras, pero la orden de aprehensión por tráfico de tu cuate me proporciona una causa probable para revisar este vehículo, con o sin tu consentimiento. El hombre se encogió de hombros. El coche es de ella, respondió, señalando en dirección a la mujer del asiento trasero, me importa una mierda lo que hagas. Le ordené al hombre que saliera del vehículo para cachearlo y la mujer se quedó en el interior, riéndose sola. El conductor separó las piernas y se inclinó, apoyando sus manos contra el vehículo, con los ojos vidriosos fijos en la lejanía. Y después de confiscarle una navaja que llevaba en el bolsillo, alcé la cabeza y vi que tenía la mirada clavada en la distante nube de polvo que levantaba una camioneta de la policía al aproximarse.

El oficial de la reservación, de apenas unos diecinueve años, se quedó parado al borde de la carretera junto al hombre tatuado y la mujer risueña, mientras yo revisaba el vehículo. Después de una búsqueda que resultó infructuosa, me dirigí hacia el hombre y le arrojé las llaves del auto. Pueden retirarse, les ordené. Michael Jackson se queda con nosotros. La mujer se dirigió cansinamente hacia el auto, y el hombre me sonrió con una mueca y un destello maligno en sus ojos. Mientras el coche retornaba sin prisa a la carretera, le pregunté al oficial de la reservación qué iba a pasar con el ebrio. Bueno, señor, respondió, me acaba de decir mi supervisor que su orden de aprehensión no es extraditable fuera de la jurisdicción del condado. Tuvo suerte de que lo detuvieran dentro de la reservación. Sacudí la cabeza y el oficial se encogió de hombros. Pero ya que está borracho como una cuba, lo llevaré a la estación y lo encerraré hasta que se le pase o hasta que alguien venga por él, lo que suceda primero.

Ya había oscurecido cuando finalmente enfilé por el camino de terracería que conducía al pueblo vampiro. El sitio lucía abandonado y la única luz encendida provenía de una lámpara colgada afuera de la vieja iglesia de adobe. La vagoneta que la esposa de Adam había mencionado seguía allí, cubierta de polvo y rodeada de huellas de pisadas. Llamé por radio y pedí que rastrearan la matrícula y el número de identificación del vehículo, pero todo estaba en regla. Miré hacia el interior a través de los vidrios polarizados y vi que habían retirado los asientos. El interior estaba lleno de basura, trozos de cuerda de arpillera y bidones de agua vacíos por todas partes. Había también, regados en el suelo, dos llantas de repuesto y una batería de auto adicional, y un paquete de parches y latas de aire comprimido, de las que se utilizan para inflar llantas. Seguí las huellas del vehículo a través del pueblo desierto hasta llegar a la trocha que pasaba frente a la casa de Adam. En el desierto que se extendía detrás de la casa descubrí varios puntos donde los arbustos habían sido aplastados y las ramas arrancadas tras el paso de un vehículo. Al final de la trocha, las huellas de los neumáticos se internaban en pleno desierto, donde el suelo se volvía pedregoso y el rastro imposible de seguir. Inspeccioné el terreno con mi linterna, en busca de hundimientos o rocas pateadas, y busqué bidones ennegrecidos o paquetes pintados de negro con pintura de spray entre la maraña de arbustos que crecían al borde de un arroyo seco. Me detuve y apagué la linterna para escuchar. Supe entonces que los hombres de pantalones camuflados se encontraban ahí en el desierto. Supe que habían vaciado la vagoneta averiada y ocultado su mercancía en alguna aguada o fronda cercana; que sólo estaban esperando el momento adecuado para sacarla de ahí y embarcarla en otro vehículo igualmente desvalijado y desechable. Y, por último, supe que yo no podría atraparlos.

Antes de conducir de regreso a la estación, llamé al número que Adam me había dado al inicio de la jornada. Se encontraba en casa; podía oír a su hijo llorando al fondo. Le dije que la matrícula de la vagoneta estaba en regla, que había explorado la trocha en dirección al sur y que no había hallado nada. Le dije que llamara a la estación si los hombres regresaban a su casa, o si llegaba a escuchar más ruidos extraños provenientes del desierto. Guardó silencio un momento y luego me dio las gracias. Alcancé a escuchar la voz ahogada de su esposa, y supe que aún estaba asustada, y de pronto me pregunté si no estaría yo perjudicándolos, si no sería mejor decirles que había visto a los hombres de la vagoneta, y que aún se encontraban allí, lo mismo que los hombres de los pantalones camuflados, y que seguramente volverían a molestarlos pues jamás olvidarían la ubicación de la casa de Adam ni la desconfianza de su esposa. Tuve ganas de decirle que tomara a su joven familia y se la llevara a otro sitio, lejos de la frontera, a cualquier otro lugar alejado de aquella remota intersección donde se cruzaban las rutas del tráfico de drogas y los corredores del contrabando. Miré por la ventanilla mientras pensaba qué más podía decirle, y finalmente le pregunté a Adam por qué todo el mundo llamaba pueblo vampiro a su poblado. Se quedó pensando por unos segundos y luego me dijo que no lo sabía. Se le escapó una risita que enseguida se convirtió en una carcajada, y yo también me reí porque no supe qué otra cosa hacer. Me reí sin despegar el teléfono de mi oreja, esperando a que Adam me dijera algo más.

De camino a casa del trabajo, vi a un hombre acechando entre las sombras en la esquina de mi calle. Era de madrugada, tal vez las dos o las dos y media de la mañana, y el hombre se encontraba solo, parado bajo una farola, como esperando a alguien. Los faros de mi vehículo lo alumbraron cuando di la vuelta para entrar en la calle, y pude ver que tenía la cabeza rapada y varios tatuajes. No me miró a mí pero volvió la cabeza para seguir el paso de mi camioneta, y me invadió la sobrecogedora impresión de que era a mí a quien estaba esperando.

Pasé frente a mi casa sin detenerme y avancé varias cuadras más antes de tomar una calle lateral. Seguí conduciendo lentamente por las calles del vecindario, sin saber qué hacer. Después de un rato empecé a sentirme ridículo y me di la vuelta y me dirigí a casa. Volví a pasar frente a la esquina donde había visto al hombre, pero ya no había nadie, sólo estaba la acera, completamente vacía, agrietada y ambarina bajo la luz de la farola. Le di una vuelta completa a la manzana y, como no alcancé a ver a nadie, me enfilé hacia el callejón que pasaba detrás de mi casa y apagué las luces de la camioneta pocos metros antes de llegar a mi entrada.

Descendí apresurado del vehículo, sin bajar mis pertenencias. Entré a la casa y recorrí las habitaciones con las luces apagadas, sin quitarme el uniforme ni la fornitura. Desde la cocina llamé a la policía y, sin dejar de caminar de un lado a otro, le conté a la operadora que había visto un hombre parado afuera de mi casa. Soy agente, le dije. Oh, respondió la mujer, enviaremos a alguien enseguida. Colgué y permanecí solo, en la oscuridad de mi sala, inclinado junto a la ventana, espiando la calle solitaria por entre las persianas.

.

Conduje yo solo hasta el polígono de tiro que se encontraba a las afueras de la ciudad. Un viento helado azotaba el terreno, de modo que tuve que apilar unas cuantas rocas en torno al pedestal que sostenía mi objetivo, para que el aire no lo volara. Sobre el respaldo de cartón engrapé una hoja grande de papel que tenía impresa la silueta gris de un hombre con círculos concéntricos sobre el pecho. Me coloqué a distintas distancias del blanco: a tres, siete, quince y veinticinco metros, y practiqué desenfundar y disparar mi arma reglamentaria usando ambas manos, una sola mano, desplazando mi cuerpo hacia la izquierda y hacia la derecha, arrodillado, apuntando desde la cadera, y también de pie, desde ambos lados de una barricada.

Después de completar el circuito, me puse a dispararle a un blanco más pequeño con mi arma personal, una pistola calibre 22. Mientras hacía una pausa para recargar el arma, un pájaro amarillo se posó sobre el pedestal del blanco. Esperé a que se fuera, pero en vez de volar el ave siguió dando saltitos sobre el borde superior del pedestal. Me acerqué a la zona de tiro para asustarlo, pero luego me detuve. Miré a mi alrededor. El polígono estaba vacío. Se me ocurrió que tal vez debería dispararle al pájaro, y así probarme a mí mismo de que realmente era capaz de quitar una vida, aunque fuera una tan pequeñita.

Tumbé al pájaro de un solo tiro. Me acerqué al blanco y recogí el cadáver del ave, que apenas pesaba en mis manos. Toqué su plumaje amarillo con la punta del dedo. Comencé a sentir náuseas y, por un breve instante, me pregunté si no estaría enloqueciendo. En un extremo del campo, junto a un arbusto de gobernadora, cavé un pequeño hoyo y sepulté al ave para después cubrir la tierra fresca bajo una pequeña pila de rocas.

A la medianoche de la víspera de Navidad, poco antes de que acabara mi turno, escuché disparos provenientes del lado mexicano. Detuve mi patrulla sobre la cima de una pequeña colina y me recosté sobre el techo del vehículo para contemplar los fuegos artificiales que resplandecían en la porción sur del horizonte.

Al regresar a casa desperté a mi madre, quien de nuevo había venido a visitarme para pasar juntos la Navidad. Sus ojos lucían apagados a causa del sueño y la preocupación. Nos instalamos en mi sala vacía y pasamos las tediosas horas de la madrugada charlando y bebiendo rompope mientras adornábamos un árbol artificial con guirnaldas de palomitas de maíz. Mi madre me preguntó cómo había estado mi turno. Bien, le respondí. Me preguntó si me estaba gustando el trabajo, si estaba aprendiendo lo que yo había querido aprender. Yo sabía a qué se refería, pero no tenía energías para ponerme a meditar sobre el asunto, para sopesar la situación en la que me hallaba y las razones que me habían conducido hasta allí. Éste no es un trabajo muy agradable, le respondí, cortante. No hay mucho tiempo para sentarse a reflexionar sobre nada. Una calmada expresión de resignación apareció en el rostro de mi madre. Pero es mi trabajo, le dije, y estoy tratando de acostumbrarme a él, estoy tratando de volverme bueno en lo que hago. Ya después me preocuparé de lo que significa.

¿Sabes?, me dijo mi madre, no es sólo tu seguridad lo que me preocupa. Yo sé que una persona puede perderse en un trabajo, que su alma se deforma cuando la colocan en una estructura. Una vez me preguntaste qué pensaba yo de mi carrera en retrospectiva. Bueno, el Servicio Forestal es una institución, una muy admirable, pero a fin de cuentas una institución. Y si he de ser sincera contigo, ahora soy capaz de reconocer que a lo largo de mi carrera fui perdiendo poco a poco el sentido de lo que hacía, a pesar de que me hallaba cerca de la naturaleza, cerca de los lugares que yo tanto amaba. ¿Ves? El gobierno tomó mi pasión y la deformó hasta convertirla en una cosa distinta. Y yo no quiero que a ti te pase lo mismo.

La interrumpí. Me sentía demasiado exhausto para ponerme a analizar mi pasión y mi propósito en la vida, y además no quería contarle a mi madre de los sueños con cadáveres y dientes desmoronados, del pájaro que había sepultado bajo una pila de piedras, del temblor de mis manos al volante. Mamá, le dije, mejor vamos a abrir un regalo.

Al anochecer, la cámara termográfica detectó a un grupo de veinte personas que se dirigían al norte en dirección al campo de tiro. El operador afirmó que el grupo avanzaba con lentitud, por lo que era probable que viajaran en compañía de mujeres y niños. Nos guió hasta el lugar y rápidamente localizamos el rastro, pero lo perdimos al internarnos en una zona cubierta de apretado pavimento desértico. Nos separamos y procedimos a peinar las laderas, husmeando el terreno en busca de hundimientos y rocas pateadas. Y mientras buscaba desesperadamente alguna señal, pensé en la mortífera vastedad que se extendía desde allí hasta la carretera más cercana, el único punto en donde los migrantes podrían detenerse a pedir ayuda. De regreso a las patrullas yo iba furioso. Se suponía que eran veinte migrantes, y que avanzaban a paso muy lento, y ni así fui capaz de alcanzarlos, ni de seguir su rastro, ni siquiera de acercarme a ellos lo suficiente para escucharlos a lo lejos, y ahora iban a quedarse ahí en el desierto —hombres, mujeres y niños, familias enteras, invisibles y desapercibidos— y yo era incapaz de ayudarlos, incapaz de evitar que se extraviaran en la negrura de la noche.

II

Mi madre me nombró por san Francisco de Asís, el santo patrono de los animales. Por las noches, a la hora de acostarme, solía leerme en voz alta pasajes de las Florecillas de san Francisco, una antología medieval de relatos sobre este santo. Me leyó sobre su sermón a las aves, sobre la hermandad de los pobres, y sobre el primer nacimiento, que san Francisco escenificó con animales de verdad, en una cueva ubicada en las laderas de las montañas del pueblo de Greccio. Me leyó también la historia del temible lobo que asolaba la ciudad de Gubbio y que devoraba a cualquier animal o poblador que se atreviera a aventurarse en la campiña. El relato cuenta que, en aquellos días, los habitantes de Gubbio se encontraban "tan aterrorizados que todos iban armados cuando salían de la ciudad, como si fueran a la guerra. Era tal el terror que sentían por el lobo, que nadie se aventuraba más allá de las murallas de la ciudad".

San Francisco, que en ese entonces vivía en Gubbio, habló con la gente del pueblo y les anunció que abandonaría la ciudad para enfrentar al lobo en su guarida. Se adentró en la campiña seguido a cierta distancia de un pequeño grupo de pobladores que pretendían presenciar su encuentro con el animal. Al aproximarse a la guarida, la bestia salió a su encuentro con el hocico abierto y la mirada llena de furia asesina, pero san Francisco hizo la señal de la cruz y el lobo cerró sus fauces y se echó a los pies del santo. "Hermano Lobo", le dijo san Francisco, "has hecho mucho daño a esta comarca, maltratando y matando a las criaturas de Dios sin su permiso; y no te has contentado con matar y devorar a las bestias, sino que has tenido el atrevimiento de dar muerte a los hombres". El lobo bajó la cabeza, como aceptando lo que san Francisco le decía. "Toda la gente clama en tu contra", prosiguió el santo, "todos los habitantes de esta ciudad son tus enemigos, pero yo haré las paces entre tú y ellos, Hermano Lobo".

San Francisco propuso un pacto: a cambio de la promesa del lobo de no volver a matar a ningún animal o poblador, los residentes de Gubbio le proporcionarían a diario los alimentos que éste necesitaría por el resto de su vida. "Ya no sufrirás más hambre", le dijo al lobo, "pues sé muy bien que por hambre has hecho tanto mal". El santo le tendió la mano al lobo y le pidió que jurara obedecer su promesa. La imagen del lobo levantando su pata delantera ha sido representada a lo largo de los siglos en pinturas, ilustraciones, murales y esculturas. El animal aparece con la cabeza inclinada aceptando el pacto, con su pata posada sobre la mano de san Francisco, o de pie sobre sus cuartos traseros y las patas delanteras apoyadas contra el pecho del santo, como si estuviera a punto de lamerle la cara.

El dentista introdujo un pequeño espejo en mi boca e inclinó la cabeza mientras presionaba la herramienta contra mis mejillas, en diferentes ángulos. Por espacio de varios minutos hurgó y picoteó entre mis dientes, escarbando en la línea de mis encías con una alargada herramienta metálica. Me miró y me preguntó: ¿Sabías que eres un rechinador? ¿Perdón?, le dije. Rechinas los dientes, me dijo. ¿Lo sabías? Oh, repliqué. No, no lo sabía. Bueno, dijo él, te está empezando a afectar. Miré a mi alrededor, curiosamente asustado. No tenía la menor idea, le dije. No hay nada de qué alarmarse, me respondió el dentista, es bastante común. Aunque parece que es algo que has comenzado a hacer recientemente, en los últimos años, pues no hay ninguna nota al respecto en tu expediente.

El dentista levantó mi historial clínico del mostrador. ¿A qué te dedicas?, me preguntó. Soy agente de la Patrulla Fronteriza, le respondí. Vaya, exclamó él, debe ser muy emocionante. ¿Dónde estás asignado, aquí en Tucson o en el desierto? Durante unos segundos consideré qué tanto sería conveniente decirle, pues no sabía si estaba intentando sonsacarme información o sólo trataba de ser amable. Bueno, le conté, hasta hace pocas semanas era agente de campo. Estaba emplazado a pocas horas de aquí, en medio de la nada. Pero acabo de ingresar a una cuadrilla en el cuartel general del sector, aquí en la ciudad. Llevo asuntos de inteligencia de bajo nivel. Ya veo, dijo el dentista. ¿Es muy estresante? El bruxismo, el rechinido de dientes, surge con el estrés. La pregunta me sorprendió: nunca nadie me lo había preguntado de una forma tan directa. Me quedé pensando. No es estresante, le respondí, no. Jum, replicó el dentista. A mí me suena a que sí lo es. Recordé mis pesadillas. Bueno, le confesé, el trabajo de campo sí podía ser algo intenso a veces. Pero ahora sólo voy a trabajar con computadoras.

El dentista anotó sus observaciones en mi expediente. ¿Y por qué dejaste el trabajo de campo?, me preguntó. ¿No te aburrirás ahora? Sus preguntas comenzaban a fastidiarme, y me pregunté si no estaría yo transmitiéndole, de alguna manera, alguna especie de cobardía o inseguridad. Es algo así como un ascenso, le dije, una oportunidad para aprender cosas nuevas. Es otra vertiente del trabajo, ¿sabe? El dentista me miró y se encogió de hombros. Yo solía trabajar en una oficina, me contó. Hay cosas que no puedes aprender frente a una computadora. Puse los ojos en blanco, exasperado, y sacudí la cabeza. Pensé que sería buena idea descansar un rato del trabajo de campo, vivir en la ciudad por un tiempo. Muy bien, muy bien, dijo él, alzando las manos. Te entiendo. Sólo estoy tratando de asegurarme de que no vayas a molerte los dientes.

Hayward fue el encargado de orientarnos. Éramos seis los agentes destinados al nuevo centro de inteligencia, provenientes de diversas estaciones del sector, la mayoría con menos de cinco años en la corporación. Hayward nos llevó a sacar nuestras nuevas tarjetas de identidad, nos enseñó cómo usar el sistema de apertura sin llave y nos dio un recorrido por las instalaciones. Esto es como el mando espacial de la nasa, bromeó. La sala era oscura como una caverna, sin ventanas, todo el tiempo se oía el sonido del aire viciado brotando de las rejillas de ventilación en el suelo. Una multitud de estaciones de trabajo, cada una equipada con monitores dobles, se encontraban dispuestas en torno a una pared de pantallas que mostraban imágenes en vivo tomadas por cámaras de video, mapas en tiempo real y coberturas informativas transmitidas las veinticuatro horas por las principales cadenas de televisión por cable.

Aquí es donde llevamos el control de todo, nos dijo Hayward. Cada uno de ustedes tendrá la responsabilidad de llevar un registro exhaustivo en todo momento, y de reportar diariamente a los jefes del sector los eventos más significativos. Recibirán llamadas telefónicas de las estaciones y darán seguimiento a los correos electrónicos. Recopilarán y difundirán los reportes de inteligencia y los informes de seguridad; llevarán el registro de la apertura y la clausura de los puestos de verificación y de los controles en las carreteras; monitorearán fenómenos atmosféricos de importancia como tormentas o incendios, etcétera, etcétera. Ya le seguirán el ritmo. Nuestra principal tarea es estar al tanto de todos y cada uno de los sucesos significativos que ocurren en las estaciones: agentes involucrados en tiroteos, cadáveres, decomisos importantes de droga, confiscación de armas, aprehensiones de conocidos miembros de bandas o cárteles, cosas por el estilo. Atenderán las llamadas de los supervisores de las estaciones y anotarán la hora de los incidentes, las coordenadas de GPS y los números de identificación de los agentes involucrados, y redactarán un breve resumen de cada evento. El resto es pan comido. Tendrán un montón de horas muertas, aunque les advierto que este lugar está todo el tiempo lleno de mandamases entrando y saliendo, así que mantengan esas botas bien pulidas, los uniformes planchados y no olviden dirigirse a todos como "señor" o "señora".

Afuera del edificio, Hayward se sinceró con nosotros antes de autorizar nuestra pronta retirada. A un grupo de muchachos recién llegados del campo como ustedes, este trabajo podrá parecerles aburrido como la chingada, al menos por un tiempo. A mí me pasó. Nos explicó que él prefería el trabajo de campo, pero que su esposa deseaba que él hiciera méritos para que lo trasladaran al norte de Virginia. Seré honesto con ustedes, les dijo. Estoy haciendo todo lo posible por largarme del sector de Tucson. Ésta es una excelente oportunidad para mí como supervisor: tengo muchas posibilidades de lograr un ascenso. Tal vez hasta podría llevarme a Washington, D. C. algún día, y es por ello que estoy aquí, así de simple. Pero ésta es también una gran oportunidad para ustedes, muchachos; un excelente peldaño si lo que quieren es ganarse sus barras de supervisor o un puesto permanente en los servicios de inteligencia. Carajo, trabajarán turnos de ocho horas, cinco días a la semana, y podrán vivir en la ciudad. Y tendremos aire acondicionado, lo interrumpió uno de los agentes. Así es, respondió Hayward, nada le gana al aire acondicionado.

Todos los días llegaba un correo electrónico de la DEA a la bandeja colectiva del sector de inteligencia. El mensaje contenía fotografías y una síntesis informativa de medios de comunicación de México y los Estados Unidos relativa a las actividades más recientes de los cárteles del narcotráfico en ambos países. Los sumarios incluían fotografías de cuerpos humanos descuartizados, con los miembros separados, desparramados, amontonados unos sobre otros, ausentes o exhibidos como si formaran parte de un antiguo y macabro ritual. Las caras de las víctimas parecían congeladas en el instante de la muerte y reverberaban en el monitor de la computadora, sin identidad alguna, sin historia personal, cercenadas de los cuerpos que hasta entonces habían habitado y de las relaciones humanas que habían sostenido.

La forma de los correos era esquemática y consistía en viñetas que indicaban el nombre de un lugar seguido de un breve resumen de la matanza ocurrida en el sitio. Acapulco, Guerrero: Dos cuerpos desmembrados, descuartizados en 23 pedazos, fueron hallados cerca de la entrada de un karaoke; las cabezas decapitadas pendían de cuerdas de terciopelo y los rostros desollados colgaban de los postes. Nuevo Laredo, Tamaulipas: Cuatro cuerpos mutilados fueron colocados a la vista del público en una calle transitada del centro de la ciudad, junto con un narco-mensaje: "Esto me pasó por chiva y maricón, pero juro que no lo vuelvo a hacer". Tepic, Nayarit: Dos hombres no identificados fueron ejecutados y sus cuerpos colocados frente a una pequeña tienda de barrio; supuestamente los hombres aún se encontraban con vida cuando fueron desollados y sus corazones arrancados. Ciudad de México: Un hombre decapitado fue hallado en el interior de un camión estacionado afuera de una escuela primaria. El cuerpo se encontraba sentado tras el volante y su cabeza colocada sobre el tablero. Zihuatanejo, Guerrero: Se encontraron dos cuerpos tirados cerca de una autopista, acompañados de un narco-mensaje: "Aquí está tu basura, manda más por favor".

Sueño que aprieto las mandíbulas, incapaz de contenerme, incapaz de separarlas. Aprieto más y más, hasta que la presión se vuelve insoportable. Y entonces, muy lentamente al principio, mis muelas comienzan a estallar, a reventar.

Sueño que se me ha despostillado un pedazo de diente en la boca. Y al sostener la mellada esquirla en mi mano, siento que mis otros dientes comienzan a astillarse. Cierro la boca para no perderlos, pero son tantos los fragmentos que me veo obligado a escupirlos en la palma de mi mano, donde los contemplo con desesperación.

Sueño que rechino mis mandíbulas de un lado a otro, que mis dientes quedan atorados y se van rompiendo poco a poco mientras son arrastrados en aquella superficie cariada.

Sueño que, al cerrar la boca, mis incisivos superiores se enganchan con los inferiores. Con mucho cuidado trato de separar mis mandíbulas, separarlas muy lentamente, pero los dientes chocan unos contra otros y terminan por quebrarse y desmoronarse en mi boca.

Sueño que las muelas se me caen a pedazos, llenando mi boca de grumos semejantes a terrones de tierra endurecida.

Sueño que estoy en el consultorio del dentista, apretando los dientes en pleno vestíbulo mientras le suplico a la recepcionista que me deje pasar. Me entrega un protector bucal pero no me sirve de nada. Una oleada de presión recorre mis encías, desgarrando y quebrando mis dientes como si estos se encontraran sobre una falla tectónica.

Sueño que no estoy soñando, que en verdad estoy rechinando los dientes hasta hacerlos polvo en el interior de mi boca. Deseo desesperadamente poder detenerme, deseo desesperadamente que alguien acuda en mi ayuda. Esto es real, me digo a mí mismo. Los otros sueños eran diferentes: esto es real.

Para escribir su libro *Amexica: War along the Border (Amexica: la guerra a lo largo de la frontera),* Ed Vulliamy entrevistó extensamente al doctor Hiram Muñoz, experto médico forense del departamento de homicidios de la ciudad de Tijuana, quien se ha dedicado a descifrar el lenguaje de la violencia de la guerra contra las drogas. "Cada tipo de mutilación deja un claro mensaje", le contó Muñoz. Las mutilaciones "se han convertido en una especie de tradición folclórica. Si se corta la lengua, significa que [la persona] habló demasiado, que es un chiva o un chupro. A un hombre que delata al clan se le corta el dedo y tal vez se le mete en la boca. Si te castran es por haberte acostado, o incluso solo mirado a la mujer de otro hombre que también se dedica al negocio. Los brazos cercenados pueden significar que robaste la mercancía que se te confió, y las piernas amputadas que trataste de abandonar al cártel. La decapitación es una cosa muy distinta: es simplemente una manifestación de poder, una advertencia para todos, como las ejecuciones públicas de antaño. La diferencia es que en tiempos normales los muertos eran 'desaparecidos' o tirados en el desierto. Ahora se exhiben para que todos los vean; se ha convertido en una guerra contra el pueblo".

Mi madre vino a Tucson por unos días, a consultar a un cardiólogo que un amigo le recomendó. Me sorprendió mucho cuando me lo contó. ¿Qué le ocurre a tu corazón?, le pregunté. No es nada serio, respondió ella, sólo tengo palpitaciones. Sonrió débilmente. Es como si mi corazón no supiera ni qué hacer consigo ahora que estoy retirada.

Después de su cita, preparamos la cena y nos sentamos a mirar cómo el sol se ocultaba tras las montañas revestidas de lava seca. Cuando estaba en el consultorio del doctor me puse a hablar con un ranchero en la sala de espera, me contó mi madre. Un hombre con propiedades a todo lo largo de la frontera. No tienes idea de las cosas que me contó. ¿Ah, sí?, repliqué. Te apuesto a que sí.

Comenzó a contarme de un muchacho de la zona que el ranchero conocía, un adolescente que un día llegó a la escuela a bordo de un lujoso automóvil nuevo. Todos en el pueblo pensaron que el muchacho estaba metido en el tráfico de drogas, pero el ranchero descubrió que el muchacho iba todos los días al McDonald's y compraba bolsas llenas de hamburguesas. Las llevaba a una casa de seguridad, o a una suerte de escondite empleado por los migrantes que cruzaban la frontera, y se las vendía al doble de lo que le costaban. Todos los días hacía lo mismo, le contó el ranchero a mi madre, hasta que ahorró lo suficiente para comprar un coche nuevo.

El ranchero le explicó que a menudo recibía llamadas de hombres que decían estar interesados en comprar tierras para criar ganado. Compraban las propiedades pero no las explotaban, le dijo el ranchero, porque no sabían nada de ganadería. Nada más querían la tierra para dedicarse a cazar personas a lo largo de la frontera. Se instalaban e invitaban a otros hombres a unirse a ellos, hombres con rifles de asalto y gafas de visión nocturna y chalecos antibalas. El ranchero le dijo a mi madre que odiaba tener tratos con esos sujetos. Los odiaba, pero también los comprendía. Mire, le dijo, no voy a negar que es muy duro dedicarse a criar ganado en la frontera. Había perdido la cuenta de la cantidad de veces que habían allanado su casa. Generalmente los migrantes sólo querían comida y agua, pero a veces se llevaban sus herramientas o cualquier cosa que pudieran vender.

La Patrulla Fronteriza está siempre muy lejos, le dijo el ranchero, nunca han podido hacer nada al respecto. Llegado a este punto, contó mi madre, el hombre pareció enfadarse. Es inhumano lo que hace el gobierno, le dijo. La Patrulla Fronteriza no detiene a esta gente en la línea; los dejan cruzar y los cazan a cincuenta, a sesenta o setenta kilómetros al norte de la frontera. Dejan que esa gente cause estragos en las tierras de los rancheros; los dejan morir en el desierto.

Mi madre entornó los ojos y me miró. ¿Es cierto eso?, me preguntó. Creo que es un poco más complicado, le contesté. Yo diría que es una especie de consecuencia imprevista. Mi madre ladeó su cabeza y me miró atónita. Yo le sostuve la mirada. ¿Qué quieres que te diga?, troné. ¿Qué los agentes conducen deliberadamente a las personas a la muerte? Los agentes de campo no escriben las políticas migratorias. Sólo acuden a sus puestos y patrullan las áreas que les asignan. Mi madre meneó la cabeza, como si mis palabras fueran las de un apologista, o las de un fanático. Bajé la mirada. Una fila de hormigas había logrado llegar hasta la pata de mi silla. De cualquier forma, le dije, ya no soy un agente de campo. Mi madre extendió su mano y la posó sobre mi brazo. Me alegra mucho que ya no estés en el campo. Lo que más quiero en este mundo es que estés a salvo. Alcé la mirada y contemplé el rostro de mi madre. Me sonreía débilmente.

Este ranchero, me siguió contando, me dijo que de vez en cuando veía hombres a la orilla del camino, hombres que pedían aventón para regresar a México. Me contó que a veces se fingían heridos, o se acostaban a mitad de la carretera para obligarlo a detenerse. Y que, una vez que lo conseguían, los hombres se trepaban a la batea de su camioneta y se negaban a bajarse; fingían no entender cuando él les ordenaba que se largaran. El ranchero le contó que esos hombres le daban miedo, que lo miraban con ojos llenos de hostilidad y que en ocasiones él había llegado a reconocer los tatuajes carcelarios que llevaban en las caras o en los brazos. Mi madre meneó la cabeza. Al escucharlo yo no dejaba de pensar en ti, ahí solo en medio del desierto, enfrentándote contra tipos como ésos. Me miró. Estoy muy contenta de que ya no estés allá, me dijo. Estoy muy contenta de que estés a salvo.

Clavé la vista hacia el fondo del patio. Bueno, le dije, por lo menos tú estás contenta. Mi madre ladeó la cabeza. Oh, exclamó, ¿no te gusta tu nuevo puesto? Me encogí de hombros. No lo sé. Todos dicen que fue una buena jugada. Y, claro, es algo muy bueno entrar al sector de inteligencia después de pasar unos años en el campo, y empezar a involucrarte en las cosas que te permiten ver el panorama completo. Aunque creo que eso de labores de inteligencia sonaba más interesante de lo que en realidad es. Contemplé los contornos de las montañas volcánicas a lo lejos. Siento como si fuera un retroceso, le dije finalmente.

Los migrantes que sobreviven al viaje a través de México, y que logran evitar la captura al cruzar la frontera de los Estados Unidos, a menudo son conducidos por sus traficantes a "casas de acogida" ubicadas en los suburbios de los pueblos y ciudades del suroeste. En Phoenix, un informe policial examinado por Joel Millman, reportero del *Wall Street Journal*, describía el hallazgo de 23 hombres en el interior de una pequeña habitación de la planta alta de una propiedad alquilada en un bloque de viviendas escasamente poblado. "Los sujetos que encontré", señaló el detective de la zona en su informe, "se encontraban todos en ropa interior, acostados en hilera a lo largo de las paredes y dentro del armario". A estos hombres "los habían retenido y confinado por tanto tiempo en aquel lugar, que la tablaroca de las paredes estaba combada por la presión que sus espaldas desnudas ejercían contra ella. Los muros de color de rosa, decorados con calcomanías de personajes de Disney, estaban sucios con manchas de sudor. Al final del pequeño pasillo había un diminuto cuarto de lavado señalado como 'Oficina'. Allí, de acuerdo a los testimonios que los cautivos rindieron ante las autoridades... los migrantes eran golpeados y obligados a proporcionar los números telefónicos de sus parientes en los Estados Unidos, a quienes después se les hablaba y se les obligaba a transferir dinero para el rescate".

Millman reportó que, tan sólo en la ciudad de Phoenix, las autoridades descubrieron 194 casas de seguridad en 2007, y 169 en 2008. En 2009, agentes locales reportaron el cateo de 68 casas de este tipo durante los primeros cinco meses del año, lo que llevó al descubrimiento de 1,069 migrantes indocumentados. La proliferación de este tipo de casas, escribió Millman, señala "un cambio de giro en el negocio del tráfico de personas. Hasta hace un par de décadas, los jornaleros usualmente iban y venían de un lado a otro de la frontera entre México y los Estados Unidos... Ahora son las bandas organizadas las que controlan el mercado del tráfico de personas".

Esta toma de control, según las fuerzas policíacas de México y los Estados Unidos, fue en parte "una consecuencia imprevista de las duras medidas que se aplicaron en la frontera". Al complicarse cada vez más el cruce, los traficantes aumentaron las cuotas que cobraban para introducir a los migrantes ilegalmente. Asimismo, en la medida en que el tráfico de personas se iba haciendo cada vez más lucrativo, fue añadido a las operaciones locales de los cárteles del narcotráfico. Cada incremento en las medidas de seguridad fronteriza ha significado un consiguiente aumento del potencial de rentabilidad de cada posible migrante. Para los grupos de contrabando, retener a las personas y pedir rescate por ellas es una manera muy sencilla de maximizar sus ganancias. Matthew Allan, director de la oficina del Servicio de Inmigración y Control de Aduanas en Phoenix, se lo expuso a Millman sucintamente: "El extranjero se convierte en una mercancía... Y una forma de elevar el valor de esta mercancía es amenazándola [y] aterrorizándola".

Hayward me asignó la tarea de preparar un informe sobre una célula de narcotraficantes que se encontraba activa en la región suroeste del estado. Durante semanas enteras alimenté incesantemente las bases de datos con nombres, recopilé historiales delictivos y analicé las técnicas y las rutas de cruce empleadas por los traficantes. Podía ver todas las veces que un individuo había sido detenido o arrestado, todas las veces que había sido acusado de un delito por una autoridad federal, estatal o local. Podía ver la cantidad de veces que un individuo había ingresado al país, a pie o en automóvil, y en este último caso, podía conocer el número de matrícula y la información de registro del auto, y los nombres y fechas de nacimiento de cualquier otra persona que viajara en el vehículo. Podía establecer, mediante registros públicos, el nombre de cualquier persona —amigo, familiar o conocido— que alguna vez hubiera compartido un domicilio con algún individuo en específico. Tenía acceso a actas de matrimonio y a certificados de defunción. Podía examinar las alertas emitidas por una infinidad de organismos de seguridad respecto a un individuo, un domicilio o un vehículo determinado; alertas que me notificaban si cierto sujeto era considerado violento o poco colaborativo, si en tal domicilio habían encontrado drogas o migrantes indocumentados, o si en el interior de cierto vehículo habían hallado alguna vez armas o narcóticos, o incluso si éste había sido remitido a una revisión secundaria por algún agente de la aduana, o de la Patrulla Fronteriza o de los binomios caninos. Con el número de serie de cualquier arma, yo podía indagar si alguna vez había sido reportada como perdida o robada, o si alguna vez había sido hallada en la escena de un crimen. Podía solicitar las fotografías individuales empleadas en cada licencia de conducir y cada tarjeta de identificación estatal. Podía contemplar sus rostros ensombrecidos y mirar sus ojos pixeleados.

"Los cadáveres que se amontonan en las morgues de las ciudades fronterizas de México narran la historia de la creciente violencia de la guerra contra las drogas", escribió Julie Watson en 2009. Durante su labor como reportera para la agencia Associated Press, Watson explicó cómo la morgue de Ciudad Juárez se había modernizado y ampliado tras los asesinatos de cientos de mujeres en la década de los noventa e inicios de los dosmiles, y cómo ahora planeaban duplicar su capacidad para el año venidero. La morgue contaba con siete doctores, escribió Watson, quienes a menudo laboraban turnos de doce horas al día, siete días a la semana. En el plazo de dos meses, más de 460 cadáveres fueron llevados para ser examinados. Para realizar su trabajo los médicos debían extraer la sangre de los cuerpos, retirar trozos de piel, serrar huesos y tomar las huellas digitales de los cadáveres decapitados. Algunos empleados nuevos sólo duraban un par de días antes de renunciar. Un médico le contó a Watson que ya no podía comer desde que había aceptado el trabajo. Otra le confesó que para soportar las jornadas debía pensar en los cadáveres como si fueran evidencia médica y no cuerpos humanos. Y a pesar de todo, afirmaban los doctores, se sentían contentos de tener un trabajo en una ciudad donde los empleos bien remunerados eran escasos.

Las familias de los muertos temían identificarlos y sufrir represalias, de modo que una quinta parte de los cadáveres no eran nunca reclamados. Algunas familias se armaban de valor para acudir a la morgue pero al final eran incapaces de llevar a cabo el último paso, el de identificar al difunto, el de aceptar la manifestación física de su muerte. Rebuscaban entre los objetos que habían sido recuperados de los cadáveres de sus seres queridos y almacenados en cajas. Éstas son sus ropas, aceptaban los familiares, éstas son sus pertenencias. Pero no son ellos, decían de los cadáveres, no son ellos. No pueden ser ellos.

En Tijuana, el director de la morgue local le contó a Watson que los empleados a su cargo eran incapaces de seguir el ritmo a los homicidios. La magnitud de éstos desbordaba la infraestructura dedicada a los servicios de enterramiento. "Cuando los fabricantes de ataúdes de Tijuana se retrasaron durante las fiestas decembrinas", escribió Watson, "la morgue tuvo que atiborrar 200 cadáveres en el interior de dos cámaras frigoríficas con capacidad para 80". En ciudades como Tijuana y Juárez, el ciclo de la violencia era tan cerrado y tan interminable que a menudo los miembros de los cárteles allanaban las morgues para reclamar los cadáveres de sus víctimas, de sus colegas o de sus líderes. Los cuerpos eran trasladados de un lugar agobiado por la muerte a otro y vagaban sin cesar por la superficie, a la espera de un lugar donde poder descansar bajo tierra.

Durante un turno de medianoche recibí una llamada procedente de mi antigua estación y de inmediato reconocí la voz al otro lado de la línea. ¿Cole?, le pregunté. Mierda, respondió él, ¿eres tú? ¿El Señor Inteligencia? Solté una carcajada. Te pusieron en el turno de noche, ¿eh? Así es, respondí. Bueno, dijo Cole, hablo para reportar un incidente con múltiples bajas. Carajo, exclamé. Así es, replicó Cole. Mientras tú estás echado sobre tus lindas nalguitas, mirando la tele en tu centro de mando climatizado, aquí afuera los mojados se mueren como moscas. Vete a la mierda, le dije. Cole se rio. Sólo te estoy vacilando. Después de todo, alguien tiene que chingar un poco a los ases del sector. No podemos permitir que se olviden de cómo la pasamos los simples sardos aquí en el campo.

Cole siguió contándome que, justo antes del anochecer, la unidad de reclutas que lideraba se topó con un hombre semidesnudo, acurrucado en posición fetal sobre el suelo del desierto. Llevaba cuatro días bebiendo su propia orina. Apenas podía hablar, pero Cole logró determinar que el hombre viajaba en compañía de sus dos hermanos. Cole le preguntó dónde estaban. Se quedaron atrás, respondió el hombre. Con la ayuda de uno de sus reclutas, Cole consiguió llevar al tambaleante hombre hasta un camino de terracería, donde un helicóptero lo recogió para llevarlo a la ciudad más cercana. El cuerpo del hombre absorbió seis bolsas de líquido intravenoso antes de llegar al hospital. El doctor dijo que nunca antes había visto un par de riñones tan absolutamente destruidos en un hombre con vida.

Cole y sus agentes se desplegaron en la creciente noche y peinaron el desierto en busca de los hermanos del hombre. Al cabo de una hora, mandaron llamar a un equipo de búsqueda y rescate a la oficina central del sector. Finalmente, horas más tarde, lograron encontrar los dos cuerpos, a poco más de un kilómetro y medio de distancia el uno del otro. Uno estaba bajo la copa enjuta de un mezquite; el otro yacía boca arriba, sin camisa, sobre el lecho de un arroyo seco, junto a un agujero que había cavado con las manos, con el vientre ya totalmente hinchado.

Después de colgar el teléfono, me quedé mirando las imágenes en vivo en la enorme pantalla que se alzaba frente a mí, y me imaginé los cuerpos de todas las personas que conocía allá afuera, bajo los árboles y en los arroyos, reincorporándose lentamente a la tierra sin ser descubiertos. Hayward se acercó desde el fondo de la sala. ¿Qué sucede?, me dijo. Me sobresaltó. No es nada, le respondí. Se quedó parado junto a mí con los brazos cruzados, esperando a que yo dijera algo más. Me encogí de hombros. A veces siento que el verdadero trabajo está allá afuera. Señalé con la cabeza en dirección a las imágenes de las cámaras. Hayward contempló un instante las escenas del desierto iluminadas por las cámaras de visión nocturna. Bueno, dijo, ciertamente allá las cosas se ven muy distintas que desde aquí. Me miró. Para serte sincero, dijo finalmente, si realmente quieres entender lo que pasa allá, es muy necesario también saber cómo son las cosas desde este lado. Se inclinó hacia mí y me palmeó la espalda. Ahora termíname ese informe. Se dio la vuelta y se encaminó hacia su computadora.

Dos horas más tarde recibí otra llamada de Cole. No lo vas a creer, me dijo. Mis reclutas atraparon un camión lleno de droga mientras conducíamos de regreso a la estación. A tus amigos los pesados les gustará saber esto: el vehículo llevaba encima 800 kilos. Jesús, exclamé, es casi una tonelada de droga. Así es, respondió Cole, riendo. ¿Ya viste de lo que te estás perdiendo? Me quedé callado durante algunos segundos. ¿Hubo algún detenido durante el decomiso?, le pregunté. Ah, vamos, replicó, tú ya me conoces. Todos los sospechosos huyeron de la escena. Suspiré. Mira, añadió Cole, ya sé que a todos ustedes en el sector les fascina el papeleo, pero yo sólo intento llegar a mi casa a tiempo. Bueno, le dije, es un cargamento abandonado endemoniadamente grande. Cole se rio entre dientes. Seguro que sí.

Sueño que estoy de vuelta en el desierto, rastreando huellas en un sendero remoto. El sitio que exploro es una extensión llena de piedras gigantescas y barrizales secos y agrietados. Al contemplar el paisaje me siento libre, rodeado de toda esta escueta belleza, feliz de estar nuevamente en contacto con el desierto. Escucho voces a lo lejos y llego al borde de un enorme peñasco, desde donde observo un arroyo seco y distingo a un grupo de contrabandistas sentados en círculo, hablando en susurros. Sin tiempo para aguardar la llegada de refuerzos, decido abordar yo solo al grupo. Grito con todas mis fuerzas para anunciarles mi presencia, para sembrar miedo en sus corazones. Desenfundo mi arma y la sostengo a la altura de mi cara con ambos brazos extendidos. Les grito en español que levanten las manos, que se sienten a la chingada, que no se atrevan a correr. Los hombres me miran; sus rostros impasibles carecen de todo rasgo distintivo, a excepción de sus ojos vítreos y helados. Les ato las muñecas con bridas de plástico, unos a otros, hasta formar una larga cadena humana. Los formo en una fila frente a mí y les ordeno que me lleven al lugar donde esconden su cargamento de droga. Mientras avanzamos en silencio comienzo a sospechar que están conduciéndome hacia una trampa, que en cualquier momento podrían darse la vuelta y atacarme. Con mi radio portátil trato de contactar a otros agentes para que vengan a apoyarme; trato de pedir un helicóptero, pero nadie responde. Los hombres y yo atravesamos un pedregal que se va volviendo cada vez más abrupto, mientras yo trato de disimular el pánico que siento, hasta que finalmente llegamos a un cañón cerrado de paredes altísimas, repleto de basura dejada allí por los vigías y las mulas de los cárteles. En una serie de agujeros excavados en las paredes del cañón alcanzo a ver una enorme cantidad de baúles de madera negros colocados unos encima de otros. Éstos son nuestros bienes, me dice un hombre. Tiro de los baúles y los saco de las paredes y los abro buscando paquetes o contrabando, pero todos y cada uno de los baúles están vacíos. Observo las paredes del cañón y me doy cuenta de que la belleza del paisaje se ha agotado, que lo único que me rodea es la siniestra amenaza de la violencia, aquellos hombres anónimos y montones de baúles vacíos. ¿Dónde están los paquetes?, les reclamo. Sus rostros brumosos parpadean en la oscuridad. Ya usted nos los ha quitado.

Emergí de las profundidades del sueño y vi que mi teléfono sonaba en la mesita de noche. Gracias a Dios, dijo mi madre cuando respondí. ¿Qué pasa?, le pregunté. Suspiró hondamente. Me acaban de hablar por teléfono. Una amiga me dijo que habían matado a un agente en una balacera y que oyó mencionar el apellido Cantú en las noticias. Mi corazón, te lo juro por Dios, apenas y me puedo mover.

No, no, le dije. Estoy a salvo, estoy en casa. Mi madre tartamudeó y siguió hablando. Sabía que no podías ser tú, me dijo; si yo le seguía insistiendo a esta amiga que ahora trabajas en una oficina. Claro, le dije, por supuesto. Estoy bien. Gracias a Dios, repitió mi madre. Hay otro Cantú, le dije; trabaja en la oficina de prensa. Seguramente estaba hablando en las noticias sobre la balacera, es un funcionario de comunicación social. Oh, dijo mi madre, claro. Claro, debe ser eso. Me senté en la cama. Mierda, exclamé por último. ¿Mataron a un agente?

Cuando llegué al trabajo descubrí que el centro de inteligencia estaba atestado de agentes uniformados y personal de mando de alto rango. Hayward me recibió en la puerta y me condujo al exterior. Te pondré al corriente de la situación, me dijo. Caminamos hacia el estacionamiento y nos quedamos de pie allí, cubriéndonos los ojos del sol con las manos. Asumo que estás enterado, me dijo. Sí, señor, le respondí, sólo de lo que salió en las noticias. ¿Lo conocías?, me preguntó. No, señor.

Hayward me contó que el agente en cuestión formaba parte de una pequeña unidad táctica destinada a monitorear el tráfico de contrabando en un cañón al sur de Tucson. Al caer la noche, los agentes se vieron envueltos en un tiroteo con un grupo de bandidos y uno de los hombres fue alcanzado por las balas. Los agentes que lo acompañaban no pudieron hacer nada por él; ya estaba muerto cuando los paramédicos arribaron. Mientras Hayward seguía hablando, bajé la mirada y, por un breve instante, me imaginé el silencio roto del cañón, el cielo nocturno centelleando sobre el cuerpo agonizante del agente. Los agentes en la escena lograron atrapar a cuatro bandidos, dijo Hayward. Uno de ellos está en el hospital a causa de una herida de bala y los otros tres se encuentran detenidos. Un quinto sujeto, posiblemente el agresor, logró escapar. Escucha, me dijo Hayward. Ahora mismo hay un chingo de agentes de campo recorriendo el desierto. Han desplegado tropas de la Guardia Nacional, equipos de inteligencia y unidades tácticas provenientes de El Paso, y también agentes auxiliares de todas estaciones del sector de Tucson. Tienen drones, y hasta un puto helicóptero Black Hawk allá afuera.

Y éste es el asunto, prosiguió Hayward: necesito que te pongas al tiro. Los jefes del sector están frenéticos; los tengo a todos encima de mí como energúmenos. ¿Qué puedo hacer?, le pregunté. Necesito que te coordines con los demás agentes de inteligencia para que armen el expediente de estos bandidos y me entreguen el mejor pinche informe que puedan. Me palmeó la espalda y me encaminó hacia la puerta. Quiero que me averigües todo sobre esos detenidos, me dijo. Quiero saber cuántas veces han cruzado la frontera, cuántas veces han sido aprehendidos. Quiero perfiles de cada uno de los familiares y conocidos que puedan encontrar: nombres, direcciones, antecedentes penales, lo que sea que logren escarbar. Necesito saber quiénes de ellos son escoria y quién sólo simples mccs. ¿mccs, señor? Ya sabes, me explicó, mojados comunes y corrientes.

Mi primo me llamó para informarme que mi tía abuela Frances había muerto mientras dormía, dos semanas después de haber cumplido 102 años. Llamé a mi madre. El funeral será en San Diego, le dije. ¿Puedes ir? No ahora, me respondió, no en el estado en que se encuentra mi corazón. ¿Tú puedes ir? Lo pensé por instante. Sí, decidí, iré en coche. Muy bien, dijo ella. Tú irás por los dos.

La noche previa al funeral bebí unas cervezas con mis primos en un estacionamiento mientras esperábamos la orden de pizzas que debíamos llevarle al resto de la familia. Hablamos de mi tía abuela Frances, de mi abuelo, de sus hermanos y hermanas y de sus padres. Frances era cabrona, dijo uno de mis primos; a diario se echaba un trago de Canadian Cub y un jalapeño crudo, hasta el día en que murió.

Todo el tiempo andaba diciendo que según somos parientes del rey Fernando, dijo otro primo, entre risas. A mi mamá la regañó el día de mi bautizo, añadí yo, porque mi mamá dijo ante todo el mundo que se sentía muy orgullosa de ser mexicana. Frances la llamó aparte al terminar la ceremonia. ¡Somos españoles!, la regañó. Mis primos y yo nos carcajeamos. Cuatrocientos años en México, dije, y ella seguía aferrada a Europa.

La hija de Frances le dio un trago a su cerveza. Ya te sabes la historia de Pancho Villa, ¿no? No, le dije. Sus ojos se iluminaron. Bueno, ¿sí sabes que nuestra familia se fue de México cuando Frances era niña? Claro. Ella enarcó las cejas. Sucedió justo en plena Revolución Mexicana. Tu abuelo tenía pocos años, era todavía más chico que Frances. Nació en 1910, ¿sabes?, justo cuando la guerra empezó. Como sea, Frances contaba que en ese entonces el ejército de Pancho Villa cabalgaba por el campo y peleaba contra los terratenientes. Cuando la familia se enteró de que los villistas habían entrado a Nuevo León y que pretendían llegar a Monterrey, se treparon a un tren de carga a mitad de la noche y se dirigieron a la frontera. Frances contaba que, al salir el sol la mañana siguiente, había cadáveres colgando de los árboles al borde de las vías. No es cierto, le dije. Sí, eso era lo que ella contaba. Me quedé pensativo un instante. El abuelo nunca lo mencionó, le dije al fin. La hija de Frances asintió levemente. Él era muy pequeño cuando ocurrió.

Al día siguiente acompañé a mi familia al mausoleo donde los restos de Frances habían sido depositados. La hija de Frances se paró frente al muro, ante la placa que llevaba el nombre de su madre, y habló del amor y la tenacidad de ésta, de su completa dedicación a la familia y a las tradiciones. Cuando terminó de hablar, me le acerqué. La placa, le comenté, dice Cantú en vez de Abrams. Así es, respondió ella con una sonrisa. Ella misma lo pidió, fue su última voluntad. No sentía ningún cariño por su nombre de casada.

Es muy curioso, añadió mi prima. ¿Sabías que eres el único miembro de la familia que aún lleva el apellido? Tu abuelo tuvo cinco hermanos y hermanas, pero por algún motivo tú eres el único que podrá transmitir el apellido. Sonreía. Y se supone que ni siquiera debería llevarlo, le dije. Sólo lo tengo porque mi mamá se negó a cambiar de nombre. Así es, rio mi prima. Tu mamá es testaruda, igual que Frances. ¿Sabías que originalmente era compuesto? ¿A qué te refieres?, dijo ella. Mi apellido, le dije, originalmente era Cantú-Simmons, por ambos padres. Cuando nací, mi mamá no estaba muy segura de qué nombre quería ponerme. Habían pensado en Joshua, o en Tyler, así que, antes de abandonar el hospital, cuando tuvieron que elegir un nombre para el certificado, eso fue justo lo que pusieron: Joshua Tyler Cantú-Simmons. Mi prima soltó una estrepitosa carcajada. Qué nombre tan gringo, exclamó.

Mi mamá comenzó a llamarme Paco, el diminutivo de su santo preferido, un par de semanas después de que me llevaran a casa. Pronto los otros nombres cayeron en el olvido, lo mismo que el apellido compuesto, cuando mis padres se separaron.

Mi prima sonrió. Gracias a Dios y a san Francisco, dijo, te salvaste de ese nombre tan espantoso. Asentí. Sería una persona distinta. Mi prima me pasó un brazo por los hombros mientras caminábamos hacia el resto de la familia. Así es, dijo. El nombre lo es todo.

Después de darle el último adiós a Frances, mis familiares cruzaron la calle y se dirigieron hacia un mausoleo aún más antiguo, que albergaba los restos de mi abuelo y de mis bisabuelos. Llamé a mi madre para preguntarle si había algo que quisiera decirle a su padre. Sólo habla un poco con él en mi nombre, dijo ella. En la planta baja del mausoleo, mis primos señalaron los nombres de nuestros antepasados sobre los muros ornamentados: Anastasio Cantú Garza y María del Calzado Cantú. En la planta alta, al final de un largo corredor, encontramos la placa de mi abuelo, colocada en la tercera fila de abajo hacia arriba, a cuatro nichos de una ventana abierta que miraba hacia el cementerio vecino. Me impresionó la brillante luz que entraba por la ventana y que bañaba el corredor con su calidez. Yo ya había estado allí una vez, de niño, con motivo del funeral de mi abuelo, y el único recuerdo que conservaba era el de un amplio y oscuro pasillo con muros llenos de almas atrapadas.

Mientras permanecía de pie ante la ventana, la hija de Frances se acercó a mi lado. ¿Ves eso?, preguntó. Señaló con su mano. Allá, del otro lado de los árboles y de la ciudad; son los cerros de Tijuana.

Esperé a que mis primos se despidieran de mi abuelo y se alejaran por el corredor hacia las escaleras. Cuando me quedé solo frente aquella pared de difuntos, me dirigí hacia la placa que llevaba el nombre de mi abuelo. Héctor Luis Cantú. Repetí su nombre en silencio mientras me volvía para contemplar los cerros de Tijuana a través de la ventana abierta. Abuelo, le dije finalmente, desde aquí alcanzas a ver México.

En su crónica de la Revolución mexicana, el historiador Frank McLynn describe el lento declive que el conflicto armado experimentó entre 1916 y 1917: "Después de seis años de combates prácticamente ininterrumpidos… el campo era un páramo lleno de ferrocarriles deformes y retorcidos, de edificios destrozados, puentes quemados, fábricas dinamitadas, cadáveres de caballos y fosas comunes improvisadas para sepultar a los humanos caídos. Hasta en el reseco desierto lo único que se alcanzaba a divisar era un infinito panorama de desolación… La miseria y la indigencia se extendieron por pueblos y ciudades, y centenares de inválidos, tullidos, veteranos mutilados y heridos de gravedad pululaban por las calles". En las llanuras del norte del país, escribió McLynn, quedó esparcido "un osario de cuerpos humanos".

En México existe el axioma de que el país está condenado a sufrir levantamientos cada cien años. La guerra de Independencia estalló en

1810, exactamente un siglo antes del comienzo de la sangrienta revolución dirigida contra la dictadura de Porfirio Díaz. Se estima que el número de víctimas de la guerra de Independencia fue de entre 400 mil y 600 mil personas, mientras que la Revolución cobró entre 500 mil y 2 millones de vidas. En la actualidad, cien años más tarde, historiadores, periodistas e instancias gubernamentales se afanan en estimar la cifra de bajas ocasionadas por la actual guerra contra las drogas, un conflicto que inició antes de lo previsto, cuando el presidente Felipe Calderón declaró la guerra a los cárteles del narcotráfico en 2006, apenas dos semanas después de haber asumido su cargo en las elecciones más reñidas de la historia de México.

La campaña de Calderón se centró en la promesa de "limpiar las calles", y para cuando su mandato de seis años expiró, más de 100 mil asesinatos habían sido oficialmente contabilizados. En un esfuerzo por minimizar el vertiginoso número de muertes ocasionadas por la guerra contra las drogas, Calderón afirmó que la inmensa mayoría de las víctimas pertenecía a los cárteles del narcotráfico del país. En determinado momento llegó incluso al extremo de señalar que el 90 por ciento de los muertos eran criminales. Sin embargo, académicos como Molly Molloy, profesora y bibliotecaria investigadora de la Universidad Estatal de Nuevo México, dedicada al estudio de la violencia en la frontera, señalan que "cuando el presidente Calderón o cualquiera de sus portavoces afirma que el 90 por ciento de las víctimas son criminales, en realidad hay que recordar que sólo el 5 por ciento de estos crímenes han sido investigados. Y al leer el recuento diario de estos homicidios... uno se percata de que la inmensa mayoría de las víctimas son personas comunes, mayoritariamente pobres: niños, adolescentes, personas de la tercera edad, microempresarios que se negaron a pagar las cuotas de extorsión, mecánicos, conductores de autobuses, mujeres que vendían burritos en la calle, un payaso que hacía malabares en un crucero, niños vendedores de periódicos… y docenas de personas que han sido asesinadas en centros de rehabilitación de drogadictos".

En 2104, el gobierno mexicano difundió nuevos datos que oficialmente reconocían la incidencia de más de 164 mil homicidios desde el año 2007. Pero investigadores como Molloy nos recuerdan que dichas estadísticas "probablemente reportan un número inferior a las muertes realmente ocurridas". Tampoco toman en cuenta a las personas desaparecidas, cuyo número en 2012 se estimaba en 25 mil. Y, por supuesto, tampoco consideran los elevados índices de secuestro y extorsión.

Esta cifra tampoco toma en cuenta a las personas que han muerto o se han extraviado al cruzar la frontera con los Estados Unidos, gente que a menudo se encuentra huyendo de ciudades y comunidades asoladas por la violencia. En 2017, Manny Fernandez, en un reportaje para *The New York Times,* señaló que la Patrulla Fronteriza había registrado más de 6 mil muertes en los dieciséis años transcurridos entre 2000 y 2016. Tan sólo en el condado Pima, en Arizona, fueron hallados los restos de más de dos mil migrantes. El *sheriff* de otro condado rural de Texas le contó a Fernandez que "por cada migrante que encontramos, probablemente hay unos cinco que siguen perdidos". Incluso aunque el cruce de migrantes ha disminuido sustancialmente de manera general, la proporción de muertes en este grupo se ha mantenido constante o incluso se ha incrementado. A lo largo de la frontera los expertos forenses, los médicos examinadores de los condados y los antropólogos forenses de universidades públicas y organizaciones sin fines de lucro luchan por identificar miles de restos humanos. "Nadie merece ser sólo un número", le dijo un experto forense a Fernandez. "El objetivo es averiguar quiénes son, devolverles sus nombres".

Ciertamente es muy difícil concebir de forma tangible y apropiada la magnitud de estas cifras. El número de migrantes muertos en la frontera, al igual que el número de homicidios provocados por la guerra contra el narcotráfico, o las cifras que cuantifican el total de víctimas de la Revolución mexicana y la guerra de Independencia en realidad son de muy poca ayuda para dar cuenta de las diferentes formas en que la violencia desgarra a la sociedad y se propaga a través de las vidas y las mentes de sus habitantes.

Durante un turno lento en el centro de inteligencia pasé varias horas navegando compulsivamente por los rincones oscuros de internet, leyendo sobre secuestros y masacres de narcos, sobre decapitaciones y desmembramientos y cuerpos abandonados en casas de seguridad. En una página de noticias mexicana leí acerca del descubrimiento de setenta y dos cuerpos en el estado de Tamaulipas, cerca del pueblo de San Fernando: cincuenta y ocho hombres y catorce mujeres amontonados unos con otros, con los ojos vendados y las manos atadas, arrumbados contra la pared de un cobertizo de bloques. El único superviviente de la masacre fue un muchacho ecuatoriano de dieciocho años, quien logró escapar del rancho de los narcos después de haber recibido un balazo en el cuello y fingido estar muerto debajo de los cuerpos de sus compañeros. Preso de un terror inconcebible, el muchacho corrió diez kilómetros a través de las áridas llanuras costeras que rodean a San Fernando. Finalmente llegó a un retén militar y alertó a los soldados, quienes posteriormente irrumpirían en el rancho y descubrirían, después del consiguiente tiroteo, los desmadejados cadáveres de quienes más tarde serían identificados como migrantes provenientes de Brasil, Ecuador, El Salvador y Honduras; almas para siempre retenidas en su travesía hacia el norte a través de la asolada república mexicana. Leí aquellas noticias encorvado sobre el teclado, sujetando mi cabeza entre mis manos y tirando de mis cabellos con los puños crispados. Tuve la impresión de que el monitor de la computadora vibraba, que las paredes del centro comenzaban a alejarse, hasta que finalmente escuché que alguien pronunciaba mi nombre. Cantú, gritó Hayward, del otro lado de la sala, espabílate.

En un exhaustivo análisis de la cobertura noticiosa llevada a cabo por diversos medios de la frontera, Jane Zavisca, socióloga de la cultura adscrita a la Universidad de Arizona, examinó más de diez años de artículos periodísticos para determinar cuáles son las metáforas más comunes que los periodistas emplean al escribir sobre la muerte de migrantes.

Las metáforas predominantes eran las económicas, aquellas que caracterizaban los decesos de migrantes en términos de "costo", "cálculo" o "apuesta". La muerte es un precio que se paga, la cuota que se cobra el desierto. La muerte es el resultado previsible "de un análisis de costos y beneficios, con riesgos cuantificables y calculables, y consecuencias". La muerte es el riesgo máximo de un juego de azar, el resultado infausto de un lanzamiento de dados. Metáforas como éstas, escribe Zavisca, "naturalizan la muerte" y "sugieren que los migrantes son parcialmente responsables de sus propias muertes".

La segunda categoría más común la constituían las metáforas violentas que representaban la muerte como el castigo o la venganza de un desierto enfurecido, o como simples bajas de una guerra librada a lo largo de la frontera. En dichos discursos se culpaba de las muertes al clima implacable, a las mortíferas políticas migratorias y a la falta de cumplimiento de las leyes ante un ejército invasor de migrantes.

Las metáforas deshumanizantes pertenecían a la tercera categoría señalada por Zavisca. En ellas, los migrantes eran representados como animales, presas cazadas por los traficantes, los agentes de la ley y los grupos de ciudadanos militantes. "Atraídos" a la frontera con el "señuelo" de los empleos bien remunerados, los migrantes terminan "jugando al gato y al ratón" con los "rastreadores" de la Patrulla Fronteriza, con resultados funestos. "Una metáfora similar",

111

escribe Zavisca, "representa a los agentes como pastores humanitarios que cuidan un rebaño". Esta alusión "refuerza la humanidad de los miembros de la Patrulla Fronteriza a la vez que deshumaniza a los migrantes, al describir a los agentes como 'salvadores'". Una metáfora pecuaria similar, muy popular en México, presenta a los migrantes como volátiles y a los traficantes como sus criadores: pollos a merced de sus polleros.

Otra subcategoría de metáforas describe a los migrantes como "una oleada peligrosa que amenaza a la nación... un hogar metafórico". El cumplimiento y ejecución de las leyes son vistos como un intento por restañar el inmanejable flujo migratorio, y la frontera se presenta como una barrera que debe ser taponeada y sellada para contener la creciente ola. Las consiguientes bajas son el resultado de un "oleaje", "y los cuerpos forman parte de una avalancha de migrantes que abruman a los agentes de la Patrulla Fronteriza y a los médicos forenses". Es aquí donde Zavisca cita el trabajo de Otto Santa Ana, un sociolingüista de la Universidad de California en Los Ángeles, quien sostiene que, ontológicamente, dichas metáforas deshumanizan a los migrantes al representarlos como "una masa indistinta".

Durante un cambio de turno, Hayward nos anunció que lo habían aceptado para un puesto de mando en el cuartel general de operaciones tácticas de la Patrulla Fronteriza en El Paso. No es Virginia, nos dijo, pero está dos estados más cerca. Un par de años que pase allá, nos dijo sonriendo, y estaré en una excelente posición para conseguir un puesto en D.C.

Dos semanas más tarde, durante su último día en el sector de inteligencia, Hayward me llamó aparte. ¿Has estado alguna vez en El Paso?, me preguntó. Claro, le dije. Mi mamá solía trabajar como guardia forestal en un parque al oeste de la ciudad. Demonios, respondió, entonces prácticamente eres nativo. ¿No te gustaría vivir allá?

Pensé en las luces centelleantes de la ciudad y recordé cómo se extendían del otro lado de la frontera para formar una sola y palpitante metrópolis. Recordé también las noticias de balaceras y mujeres asesinadas del otro lado del río, las morgues de Ciudad Juárez rebosantes de cadáveres. Recordé a mi madre tirada en aquellas calles agrietadas, y al hombre que la ayudó a levantarse y que nos dijo que estábamos en nuestra casa.

Iré directo al grano, me dijo Hayward. El equipo de inteligencia de El Paso está buscando agentes. Quieren tipos como tú: con dominio del español y experiencia en el campo y en inteligencia. Trabajarías bajo mis órdenes, apoyando las operaciones tácticas de los cuarteles generales, lo que implica que serás enviado a realizar diversas misiones de inteligencia a lo largo de la frontera suroeste. Me miraba fijamente para evaluar mis reacciones. No te garantizo nada, me previno. La contratación no depende únicamente de mí. Pero puedo hablarles bien de ti y tendrás buenas oportunidades de quedar. Bajé la cabeza y clavé la mirada en la alfombra. Podía sentir el aire que manaba de las rejillas de ventilación en el suelo. Te pagarán la mudanza, agregó. Y así tendrás la oportunidad de volver al trabajo de campo.

Una tarde, mientras me aburría frente a los monitores dobles de mi estación de trabajo, alcé la mirada y me topé con la imponente imagen de un halcón pálido en una de las pantallas de video que se alzaban al frente la sala. El ave se había posado en lo alto de una remota torre de vigilancia, emplazada en algún punto de las ondulantes praderas del este de Arizona, y miraba con detenimiento a la cámara, como queriendo escudriñar lo que sucedía en el interior fluorescente y mal ventilado de la sala de mando. Me levanté de mi asiento y me acerqué a la pantalla para observar mejor los interrogantes ojos del ave.

¿Qué clase de cobardía te ha hecho alejarte del desierto? ¿Por qué no regresas a los ardientes bordes de la frontera, por qué no habitas el silencioso caos que agita tu mente?

Di unos pasos en dirección a la pantalla, como queriendo alcanzar al ave. Tengo miedo de acercarme más, quería susurrarle. Tengo miedo de que la violencia ya no me impresione.

Hayward me saludó en el cuartel general de El Paso, vestido con una camisa polo y pantalones cargo. ¿No hay uniformes?, le pregunté. Así es, respondió él, aquí gozamos la buena vida. Atravesamos el estacionamiento y yo fui tomando nota de los diversos edificios que Hayward me iba señalando: la armería, el almacén del equipo, la sala de pesas. Subí detrás de él las escaleras que conducían a un módulo prefabricado provisto de un enorme equipo de aire acondicionado que zumbaba. Hayward apuntó hacia el edificio adyacente. Eso de ahí son las oficinas centrales, dijo, donde están los jefazos. Bajó la voz. Y créeme, susurró, que por nada del mundo quieres terminar ahí.

Crucé la puerta detrás de Hayward y avanzamos hacia el fondo del edificio. Pasamos junto a una pequeña cocina y una sala de juntas cuyas paredes estaban cubiertas de mapas topográficos, hasta que llegamos a una pequeña área de oficinas donde un par de agentes vestidos de civil se encontraban sentados uno frente al otro, en sendas estaciones de trabajo provistas de pantallas dobles. Éste es tu nuevo equipo, dijo Hayward, sonriente, y asintió en dirección a los dos hombres, que se pusieron de pie enseguida. Estos chicos son nativos de Chuco Town*. Señaló al más viejo de ellos, que extendió su mano y estrechó la mía. Éste de aquí es Manuel, dijo Hayward. Es nuestro experto en escucha telefónica, intercepciones de radio, triangulación de señales, geolocalización, la pura sabrosura. Sabe más de lo que yo

---

*Sobrenombre de la ciudad de El Paso, cuyo significado aproximado sería *Pachucolandia,* en referencia a su enorme población de origen mexicano.

jamás llegaré a aprender, segurísimo. Puedes considerarlo el papá de nuestro equipo. Manuel me sonrió. Así es, mijo, y agregó también en español: soy como tu papá. Hayward hizo un gesto hacia el otro sujeto y guardó silencio un instante. Éste de aquí es Beto y, bueno, todavía estoy tratando de averiguar para qué es bueno. Beto alzó las manos. No sea malo, jefe, dijo, también en español. Hayward soltó una carcajada. Es broma, replicó. Beto es nuestro gurú de los aparatos: está instalando unos receptores de señal bien chingones en todas nuestras naves, y acondicionando una casa rodante para convertirla en un centro de mando móvil, y dice que está enchulando nuestras cuatrimotos, lo que sea que eso signifique.

Beto y Manuel sonrieron y me miraron por espacio de unos segundos antes de volver la vista hacia Hayward. Oh, dijo éste, casi lo olvido. Se dirigió a ellos mientras colocaba una mano sobre mi hombro. Aquí Cantú está un poco verde todavía, pero es un chingón investigando sobre cualquier cosa. Sabe cómo ordeñar cualquier base de datos que se les ocurra, y es buenísimo para escribir informes. Qué bien, dijo Beto, en español, porque yo no hablo mucho *english*. Hayward puso los ojos en blanco. Qué gracioso eres, le dijo. Recorrió la habitación con la mirada. ¿Se me olvida algo? Manuel me miró y volvió a sentarse. ¿De dónde eres, mijo?, me preguntó. De Arizona, le respondí. Los ojos de Beto se iluminaron. Oye, güey, ¿ya encontraste donde vivir? Todavía sigo buscando, le dije. ¿Estás casado? ¿Tienes hijos? Negué con la cabeza. Beto se inclinó hacia mí y chasqueó los dedos. Mira, me dijo, en mi patio de atrás tengo una casita que he estado tratando de poner en renta. Es como un departamento con una sola habitación, perfecto para un bato como tú. Tomó una pluma y arrancó una hoja de un cuaderno que se encontraba sobre su escritorio. Éste es mi número, güey. Llámame y lo hablamos. Manuel lanzó un silbido. Híjoles, Beto, eso fue rápido. Muy bien, chicos, dijo Hayward y me hizo un gesto para que lo siguiera hacia la salida. Ya basta por ahora de zalamerías.

Hayward me condujo de vuelta a mi auto y me entregó una pila de documentos. Necesito que llenes esto para el lunes, para la gente de recursos humanos, me dijo. Procura llegar una hora más temprano, para que te lleve al almacén y te entreguen tu nuevo equipo. Tomé los documentos. A lo lejos alcancé a ver un atisbo de la Sierra de los Mansos. Estoy contento de estar aquí, le dije a Hayward. Excelente, respondió él, yo estoy feliz de tenerte. Pero pon atención, me dijo, necesito que te pongas las pilas. En dos semanas nos vamos a Lordsburg, Nuevo México, a nuestra primera misión. Estaré listo, respondí.

En *Antígona González,* la poeta mexicana Sara Uribe reinventa la tragedia griega de Antígona y la sitúa en México. En una nota del traductor para la versión inglesa de la obra, John Pluecker afirma que en la clásica tragedia de Sófocles "Antígona no puede soportar la orden dictada por Creón de abandonar el cadáver de su hermano, expuesto e insepulto, en una llanura polvorienta. En la versión de Uribe, Antígona González es privada de un cuerpo al cual llorarle, un cuerpo al cual sepultar". Pluecker explica que el libro de Uribe, escrito como un poema documental de largo aliento inspirado por la reciente ola de desapariciones, es de hecho "un texto constituido por muchos otros", que combina citas directas y vocabulario tomado de textos académicos y filosóficos, entradas de blogs, notas policíacas y testimonios reunidos por periodistas mexicanos.

En el poema de Uribe, Antígona González busca el cadáver de su hermano desaparecido, y de este modo habita la conciencia de todos aquellos que han sufrido desapariciones: "Acá, Tadeo, se nos han ido acabando las certezas. Día tras día se nos resbalaron sin que pudiéramos retenerlas". Al lidiar con una pérdida incompleta e incesante, "hay quienes indagan como una forma de rehusarse a permanecer en el silencio al que han sido conminados. Los hay quienes inquieren una y otra vez a modo de encarar el infortunio". A su vez, Antígona González se imagina las declaraciones de aquellos que acuden como peregrinos a los sitios de las masacres, a cualquier lugar donde puedan hallar cuerpos que aún siguen sin nombre, que no han sido identificados:

Vine a San Fernando a buscar a mi hermano.
Vine a San Fernando a buscar a mi padre.
Vine a San Fernando a buscar a mi marido.
Vine a San Fernando a buscar a mi hijo.
Vine con los demás por los cuerpos de los nuestros.

Antígona González se pregunta: "¿Qué cosa es el cuerpo cuando alguien lo desprovee de nombre, de historia, de apellido?... Cuando no hay faz, ni rastro, ni huellas, ni señales... ¿Qué cosa es el cuerpo cuando está perdido?"

Llegamos a Lordsburg al caer la tarde y nos registramos en el hotel. Hayward nos entregó a Beto y a mí un par de tarjetas de llave y nos explicó que compartiríamos la habitación. Recortes de presupuesto, nos dijo, con una sonrisa burlona. Beto se quejó. Oye, tranquilo, le dijo Hayward, si ustedes ya prácticamente viven juntos, ¿no? Le dio una tosca palmada en la espalda a Beto. Viven tan cerca el uno del otro que hasta se ven cuando se bañan, así que esto no será muy distinto. Manuel se rio mientras Beto meneaba la cabeza. Qué gacho, jefe.

Al anochecer, subimos al auto y cruzamos las vías del tren hasta un restaurante mexicano, el único local abierto en una hilera de establecimientos abandonados. En el interior, mientras nos sentábamos cerca de la puerta, vestidos con nuestros uniformes, fuimos recibidos con miradas de soslayo y un espeso silencio que se prolongó hasta que la mesera nos entregó los menús. Después de ordenar nos pusimos a conversar entre nosotros en voz baja, hasta que una pareja de personas mayores se detuvo ante nuestra mesa en su camino a la puerta. Caballeros, muchas gracias por sus servicios, dijo el señor, y asintió en dirección a Hayward. Su esposa sonrió. Tengan mucho cuidado allá afuera, muchachos. Les dimos las gracias.

Mientras cenábamos, Manuel nos señaló a un niño parado junto a la puerta del restaurante que nos miraba con la boca abierta y los ojos desorbitados. Su madre llegó corriendo y se agachó para hablarle al niño en español. Vámonos ya, le decía, y tiraba de su brazo. Pero el niño parecía completamente pasmado y no dejaba de mirar nuestras armas y los escudos de tela que llevábamos cosidos a los uniformes. La madre nos miró como excusándose. Quiere ser policía cuando sea grande, nos explicó, mientras empujaba al niño para alejarlo de nosotros.

La mañana siguiente desperté temprano y me fui a correr a las vías del tren, en dirección al este, hacia el sol naciente. Podía sentir cómo mi cuerpo se llenaba de fuerza mientras corría, cómo se iba inflando de una sensación de bienestar bajo la amplia bóveda del cielo. Más tarde, mientras viajaba con Manuel y Beto a través de las planicies y playas empalidecidas por el invierno del extremo con forma de tacón de Nuevo México, me sentí algo mareado por estar de vuelta en el campo después de haberme pasado casi un año frente a la pantalla de una computadora. Los tres viajábamos en silencio, oyendo los ocasionales ruidos que emitía el equipo de nuestro vehículo al escanear las ondas de radio en busca de frecuencias secretas usadas por las patrullas de reconocimiento de los cárteles. Al aproximarnos a la línea fronteriza, varias voces cascadas comenzaron a filtrarse en nuestros dispositivos. Desde el asiento trasero me puse a examinar detenidamente unas cartas topográficas, buscando alguna cumbre o colina que pudiera servir como posición estratégica para vigilar el terreno y monitorear las idas y venidas de otros vehículos de control como el nuestro.

Aquella noche, de regreso en la habitación del hotel, me visitaron en sueños imágenes parpadeantes. Soñé con una caverna plagada de restos descuartizados, con un paisaje totalmente desprovisto de luz y de color. Vi un lobo merodeando en la oscuridad y sentí sus pesadas zarpas sobre mi pecho, su ardiente respiración en mi cara.

Me despertaron los ronquidos de Beto. Busqué a tientas mi libreta, alumbrándome con la tenue luz del celular, y me encerré en el baño. Me senté sobre la tapa del retrete, con la luz encendida y el extractor zumbando, y a toda prisa anoté los detalles que alcancé a recordar de mi sueño. Después de eso me quedé mirando fijamente el espejo, tratando de reconocerme en el reflejo.

Por la mañana llegué tarde a reunirme con Hayward y los demás en el comedor del hotel. Ninguno de ellos me saludó cuando me senté a la mesa con un tazón de cereal y un recipiente con yogurt de durazno. Finalmente, Manuel alzó la mirada de su plato lleno de viscosos huevos revueltos y me dijo: Oye, mijo, dice Beto que anoche, de madrugada, te metiste al baño a masturbarte. Todos nos quedamos en silencio durante un instante y entonces Beto y Hayward explotaron en carcajadas. Miré a Manuel. Mierda, le dije, y yo que traté de hacerlo en silencio. Me volví hacia Beto y agaché la cabeza. Lo siento, carnal. No quería que supieras que estaba hablando por teléfono con tu mamá. Beto me golpeó el hombro mientras los demás se doblaban de risa. No me chingues, dijo. A mí mamá no le gustan los güeritos como tú. Hayward se dejó caer contra el respaldo de su silla. Carajo, exclamó, ustedes me matan de risa, muchachos. Se levantó de la mesa y se ajustó la fornitura. Beto lo observó. Caray, jefe, qué botas tan relucientes. Así es, respondió Hayward, hoy tengo otra junta con los mandamases en la estación de Lordsburg. No creerás que he llegado a la cima del éxito vistiéndome como tú, ¿verdad? Empujó su silla. Los veré en la noche, muchachos.

De camino hacia el sur, en dirección a la frontera, apoyé mi cabeza contra la ventanilla e intenté escapar de las imágenes que retumbaban en mi mente, buscando alivio en aquel paisaje de inmensos valles y montañas boscosas. Me encontré inspeccionando aquel panorama en busca de señales e indicios, algo que pudiera explicar el carácter desgarrador de mi sueño. Yo sabía que alguna vez los lobos habían vagado libremente por aquellas montañas y valles, hasta que fueron considerados una amenaza y erradicados. También conocía las tentativas de reintroducción de estos animales al ecosistema, en pequeñas manadas cuidadosamente criadas, liberadas y monitoreadas en pequeños enclaves naturales, de forma que poco a poco pudieran rehabitar aquel territorio que alguna vez les había pertenecido.

El molesto tono del celular de Beto me sacó de mi contemplación. No te escucho, ma, lo escuché decir. Tranquila. Se volvió hacia Manuel y le pidió que detuviera el auto en la orilla. Cuando el vehículo se paró, Manuel abrió la puerta del pasajero y se internó en el pastizal que crecía al borde de la carretera, con el teléfono pegado a la oreja. Lo miré caminar de un lado a otro, hasta que finalmente se guardó el teléfono en el bolsillo y se quedó un instante contemplando la hierba que le llegaba a las rodillas.

Proseguimos rumbo al sur, a través del Valle de Ánimas, por una amplia carretera sin asfaltar. De pronto Manuel redujo la velocidad hasta detener el auto. ¿Qué sucede?, le pregunté. Chist, susurró Beto, y señaló el camino. Ahí, a menos de cinco metros de nuestro tartamudeante vehículo, un antílope nos observaba del otro lado del parabrisas, contemplándonos con ojos enormes y resplandecientes, como si fuéramos una banda de fantasmas renegados. Junto a la ventanilla del pasajero, al borde de la carretera, un segundo animal se estremecía, demasiado asustado para seguir a su compañero. Más tarde, mientras conducíamos a través de los bosques de pinos y encinos de las Montañas Peloncillo, una manada de tejones, por lo menos treinta de ellos, invadieron la carretera frente a nosotros y, sin prestarnos la menor atención, se pusieron a olfatear la tierra con sus hocicos puntiagudos, sus pancitas redondas pegadas al suelo y sus colas bien levantadas en el aire.

Hicimos una parada en un campamento abandonado en las profundidades de la montaña, para comer los sándwiches que llevábamos en bolsas. Beto y yo nos sentamos en extremos opuestos de una mesa de picnic, mientras Manuel se quedaba en el interior del vehículo para escuchar el escáner. ¿Todo bien?, le pregunté a Beto. Él dejó su sándwich sobre la mesa. Es mi primo, dijo. Murió ayer en Ciudad Juárez. Mi mamá recibió la noticia. Todavía no sabe cómo sucedió. Nos comimos los sándwiches en silencio, y luego Beto se rio solo y empezó a contarme historias. Me contó de cuando él y su primo cruzaban la frontera para irse de fiesta a Juárez porque aún no tenían edad para beber. Me contó de las fiestas caseras que hacían en El Paso, de las borracheras en el desierto, a las afueras de la ciudad, y de las muchachas que se ligaban en clubes y bares, cuando finalmente cumplieron veintiún años. Se quedó callado y sacudió la cabeza, y yo observé cómo sus ojos seguían el vuelo de un pájaro rojo que aleteaba entre las ramas de un roble. Qué cosa tan rara, dijo Beto, todos estos animales. Se quedó callado, pensativo. ¿Sabes? Ayer, mientras me estaba echando una meada a la orilla del camino, una mariposa negra, de esas grandotas, se acercó volando a mí. No puedo dejar de pensar en ella. Prosiguió, visiblemente nervioso, como si le preocupara lo que yo pudiera pensar. Hace unos cuantos años, el día que mi abuela murió, se me apareció una igualita en el desierto de Texas, volando sobre la hierba.

Por la noche, cuando nuestro turno concluyó, Hayward nos llevó en coche a las montañas. Mientras ascendíamos pudimos divisar cúmulos de nieve blanca a los costados de la autopista. Entramos a la ciudad, nos estacionamos junto a un viejo teatro y caminamos directamente al bar más cercano, un lugar llamado El Búfalo. Después de ordenar, le puse un montón de monedas de veinticinco centavos a la rocola. Cuando las primeras notas de la canción "El Paso" de Marty Robbins comenzaron a sonar, Beto sonrió de oreja a oreja, me miró y soltó un grito mexicano.

Después de bebernos la primera cerveza, acompañé a Manuel al frío de la calle para ir a comprar cigarros a una gasolinera cercana. De regreso nos detuvimos en un puente que se alzaba sobre un profundo arroyo y nos quedamos conversando un rato, llenando el aire nocturno con el humo que salía de nuestras bocas. Mi esposa y yo vamos a comprar una casa, me contó Manuel, en la zona este de El Paso. Eso es excelente, le dije. Felicidades. Manuel contempló el arroyo. En mi familia nadie nunca ha sido dueño de una casa, me dijo.

Cuando volvimos al bar, Beto estaba hablando con una mujer de mediana edad; tenía la mano posada pobre el muslo de la mujer. Les presento a Suzy, nos dijo, sonriendo. Dice que debemos subir la montaña para ir al Teatro de la Ópera. Carajo, exclamó Hayward, eso sería genial. Salimos del bar y nos apretujamos en el interior de su camioneta, con Suzy sentada en el asiento delantero para guiarnos a través del sinuoso camino. Las ventanas del antiguo Teatro de la Ópera resplandecían con una luz cálida y su interior se hallaba rebosante de personas. Olía a humo de leña. Los pisos y los techos eran de madera y los muros de adobe lucían igual a como debieron haberlo hecho un siglo atrás. Nos sentamos en una mesa y pedimos cervezas y escuchamos a los hombres cantar y tocar el violín mientras nuestros cuerpos absorbían el calor, el humo y los sonidos de aquel lugar. Me salí un rato afuera con Hayward para escapar del bullicio y él me contó de su esposa, de cómo se había casado con quien era su mejor amiga; de cómo sabes que has conocido a la persona indicada cuando ésta no intenta cambiarte sino que te aprecia justo como eres.

Manuel y Beto se hartaron rápido de la música de violín y pronto estábamos de nuevo en la camioneta, descendiendo la montaña con

Suzy para bebernos el último trago en El Búfalo. Después de otra ronda de cervezas, Beto comenzó a tambalearse. Metió un billete tras otro en la rocola y bailó con Suzy. Hayward, todavía sobrio, permaneció sentado con Manuel y conmigo y nos contó de su infancia en Virginia. Había sido mariscal de campo en la secundaria, nos contó, y su esposa era la líder de las porristas. Así fue como nos conocimos, nos dijo, durante los partidos de futbol. El padre de Hayward, un jefe de policía, había animado a su hijo a unirse a la corporación tan pronto éste terminó la preparatoria. Hayward se convirtió en el recluta más joven que jamás habían tenido.

Una vieja canción de gospel comenzó a sonar y Hayward sonrió. Antes de todo esto, nos contó, solía cantar en un grupo evangélico con mis hermanos y mis hermanas. Incluso nos fuimos de gira, dijo, y fuimos teloneros de algunos espectáculos grandes. Volvió a sonreír. Escribí una canción que fue grabada por uno de esos grupos famosos de gospel. Me di la vuelta y vi que Beto se inclinaba para besar a Suzy.

Mientras Hayward conducía montaña abajo y Beto roncaba en el asiento del copiloto, miré las luces de la ciudad a nuestros pies, que titilaban como un sitio lleno de felicidad y de esperanza.

Conduje con Manuel y Beto por un extenso valle desértico hasta la frontera. Durante varias horas permanecimos estacionados en lo alto de un pequeño desfiladero, junto a un depósito de agua, escuchando en el escáner de radio a dos vehículos de reconocimiento, uno ubicado en una colina al oeste, y otro en las montañas que se alzaban por encima de nosotros. Un hombre que usaba el nombre clave de Metro 4 llamaba a un tal Alpha 3 y le describía cada uno de los movimientos que realizábamos en aquel camino de terracería, tomando nota de cada vez que dábamos la vuelta o nos estacionábamos, o salíamos del vehículo para orinar. Los vigilantes abandonaron sus posiciones al anochecer y las frecuencias enmudecieron.

Al día siguiente, cuando reanudamos nuestras actividades de rastreo, las frecuencias seguían en silencio. Por la noche nos estacionamos junto al depósito de agua mientras las estrellas resplandecían sobre nosotros en un cielo sin luna. Permanecimos en el interior del vehículo, escuchando las transmisiones de un grupo de vigilantes de un cártel situado al sur de la línea. Manuel nos explicó que estaban siguiendo los movimientos de un convoy armado por una carretera mexicana. Podíamos notar, al escuchar sus voces quebradas por la conmoción y la adrenalina que recorrían sus cuerpos, que aquellos hombres se hallaban al borde de la histeria; algunos incluso gemían, llenos de pánico. El grupo de vigilantes tiene la misión de proteger al jefe local, nos explicó Manuel, y el convoy que siguen está conformado por miembros de un cártel rival. Más tarde, un hombre llamado Víctor Chulo habló por la radio y le informó al grupo que el convoy que atravesaba su territorio contaba con la bendición del jefe. Seguramente se dirigen al rancho de un cártel para celebrar una reunión de alto nivel, nos dijo Manuel. Me imaginé cómo sería aquel rancho, cómo se verían las estrellas desde él. Seguramente se encuentra en lo alto de la sierra, me dije a mí mismo, escondido en un lugar bellísimo al que jamás debo ir.

A partir del año 2008, el escritor Charles Bowden entrevistó en varias ocasiones a un ex asesino a sueldo de un cártel, lo que en México se conoce como un sicario. Con el tiempo, Bowden finalmente consiguió que el sicario se prestara a ser grabado en video a lo largo de varios días por el cineasta italiano Gianfranco Rossi, quien compiló su testimonio en el documental *Habitación 164: Entrevista a un sicario*. Como condición para aparecer en el video, el sicario insistió en que su voz fuera alterada y su rostro cubierto, así que acordaron, por sugerencia de Rossi, que el sicario llevaría un velo negro sobre la cabeza, muy parecido a las capuchas empleadas por los verdugos de antaño.

En el prefacio que Bowden escribió para el libro que compila las entrevistas, dice sobre el sicario que: "Nada en su apariencia delata lo que ha sido y las cosas que ha hecho". Y a pesar de ello se las ha arreglado para "secuestrar personas, torturarlas, matarlas, destazarlas y enterrarlas, cuando el resto de nosotros seríamos incapaces de imaginarnos cometiendo estos actos". En su testimonio, el sicario describe así el acto de matar: "Nunca dudaba cuando me daban la orden, nunca dudaba, sólo apretaba el gatillo. Ni siquiera pensaba. No conocía a la persona... Para mí no era nadie".

Asimismo explica cómo casi invariablemente él y todos los demás integrantes del cártel que conocía consumían drogas y se embriagaban para llevar a cabo sus tareas. Después de matar o de torturar a un objetivo, el sicario dice: "Yo no me daba cuenta de lo que había hecho sino hasta dos o tres días más tarde, cuando ya estaba sobrio. Me di cuenta con qué facilidad las drogas y el mundo en el que me encontraba me estaban controlando y manipulando. Ya no era yo".

Cuando las personas secuestradas eran finalmente ejecutadas, sus cuerpos eran sepultados en tumbas colectivas llamadas narcofosas. "Creo que aquí en la región fronteriza... Bueno, digamos que si existen unas cien de estas narcofosas, a lo mejor sólo han sido descubiertas unas cinco o seis", declara. "No puedo decirte con exactitud el número de gente que ha sido enterrada de esta forma. Es imposible". Sin embargo, "estas cifras son muy importantes, muy representativas. Cien personas. ¿Te imaginas a cien personas enterradas en un cementerio, pero amontonadas unas sobre otras? ¿Te imaginas tratar de identificar, de reconocer a esas personas? ¿Te imaginas que en un terreno de unos doscientos metros cuadrados, de diez metros por veinte, haya cincuenta gentes enterradas en una fosa común?". Describe también los extremos a los que el cártel llega para ocultar las identidades de sus víctimas. "Es necesario echarle cal y otros químicos a los cuerpos", "quitarles la ropa y las pertenencias para que no quede ningún rastro, para que no puedan ser localizados o identificados".

Tras concluir nuestras operaciones en Nuevo México, mis compañeros de equipo regresaron a El Paso durante el fin de semana y yo me quedé para visitar a mi tío, quien recientemente se había jubilado y mudado de Santa Fe a las afueras de un pueblo en el extremo con forma de tacón de Nuevo México. Llegué a su casa el viernes por la noche, cuando ya había oscurecido, y mi tío me recibió en la puerta, algo encorvado e iluminado a contraluz por el tibio resplandor que provenía del interior de la casa. Me abrazó bajo el foco del porche. Han pasado muchos años, dijo. Dio un paso atrás para observarme mejor, con sus manos posadas sobre mis hombros. Te ves fuerte, me dijo. Me invitó a pasar con un gesto de su mano.

El interior de la casa estaba lleno de cajas y muebles desacomodados. Mi tío reía nerviosamente. Estoy alquilando este lugar hasta que pueda construir algo en la propiedad. Le brillaban los ojos. Mañana iremos de excursión, me dijo, y te llevaré al lugar. Ya me dirás qué te parece.

Por la mañana desperté en el sofá y vi que mi tío no estaba. Recorrí perezosamente la sala y eché un vistazo a las cajas llenas de fotografías viejas de mi tío. Había imágenes de él con mi padre, su único hermano, escalando las montañas del sur de California y de Nuevo México, sonriendo mientras ataban señuelos de mosca en los extremos de sus largos sedales y arqueaban las cañas sobre riachuelos cristalinos. Mi tío, que no tenía hijos propios, había coleccionado una infinita cantidad de imágenes mías y de mis medios hermanos, a quienes la distancia y los años nos separaban. Había fotografías de cuando éramos bebés, niños pequeños, chiquillos posando torpemente en las fotos de la escuela primaria y secundaria. En el fondo de una de las cajas había imágenes de mi padre sonriendo en compañía de nuestras jóvenes madres, sus numerosas ex esposas. En una fotografía se encontraba de pie a la orilla del mar con la madre de una de mis medias hermanas más jóvenes. En otra, aparecía sobre una ladera verde con mi madre, en el primer día de su corto matrimonio, mi madre luminosa con una blusa blanca de algodón y un chal púrpura, mi padre con una holgada camisa a rayas que ondeaba en el viento.

Alcé la vista de las cajas y miré por la ventana y vi a mi tío acercándose a la casa. Me planté junto a la ventana de la cocina y lo miré trotar despacio, con su habitual forma desgarbada, por el camino de terracería, con sus manos enfundadas en guantes de trabajo de cuero. Cinco años de una enfermedad degenerativa de los nervios periféricos habían minado su cuerpo, devorando el tejido muscular de sus pies, brazos y manos. Como no podía tensar las pantorrillas para elevar los empeines, tenía que alzar sus rodillas prácticamente hasta la cintura para poder correr sin tropezarse. Los guantes, me dijo más tarde, le servían para protegerse las manos cuando, inevitablemente, tropezaba y caía al suelo.

Después de un ligero desayuno, mi tío me llevó a conocer su propiedad en la frontera con el estado de Arizona, en donde había colocado los cimientos de su nuevo hogar. No es la gran cosa, me dijo, encogiéndose de hombros. Contemplé aquellos acres de terreno llano y desértico, sembrados de hierba pajiza y enmarañados matorrales de mezquite. Me di cuenta de que mi tío experimentaba ciertas reticencias sobre el aislamiento de aquel terreno, que deseaba desesperadamente que yo pudiera encontrar algún valor en aquel vasto paisaje, bajo aquella formidable bóveda de aire límpido. No sé bien lo que es, me dijo, y contempló la propiedad con las manos en la cintura. Creo que simplemente se siente bien estar cerca de un lugar que sigue siendo salvaje. Miré más allá del terreno, en dirección al horizonte. Puedes ver las montañas en todas direcciones, le dije.

Condujimos al este, hacia un sendero que nacía al pie de la sierra de Chiricahua, y nos detuvimos en el sitio en donde un riachuelo, gélido a causa del deshielo, se desbordaba sobre el camino de tierra. Mi tío me abrió la puerta del auto y me señaló unos árboles pálidos sin hojas que se alzaban imponentes en los márgenes del riachuelo. Vengo aquí por los sicomoros, me dijo. Alzó las piernas para trepar a las rocas que se encontraban en la orilla del río, y me explicó que aquellos árboles le recordaban a los cañones de sicomoros que atravesaban las montañas del sur de California, donde él había pasado los veranos de su juventud trabajando con mi padre en un huerto de manzanas. Me contó del día en que había descubierto por primera vez aquel lugar, mientras se encontraba de luna de miel con su segunda esposa, en 1992. Recordó cómo se habían topado con aquel mismo cauce fluyendo sobre el camino, y entonces, como si estuviera relatando el descubrimiento de un objeto precioso hacía mucho tiempo perdido, me describió la apabullante sorpresa que se llevó al encontrarse con aquellos inmensos árboles blancos de su juventud. Esa noche no pude dormir, me dijo, por culpa de los sicomoros. Al día siguiente, él y su esposa se dirigieron en coche hacia las montañas que se elevaban más allá del riachuelo, y encontraron un pequeño y perfecto huerto de manzanas. Mi tío miró corriente arriba. He vuelto a estas montañas una y otra vez desde que me mudé aquí, me dijo, pero no he podido hallar ni una sola huella de ese huerto. Ni un solo claro cubierto de maleza, ni tan siquiera algún viejo tocón. Se frotó las manos para calentárselas y bajó la mirada para contemplar la lenta corriente del riachuelo. Todavía sueño con huertos de manzana, me dijo, haciendo una mueca en dirección al agua.

Llegamos al sendero en las últimas horas de la mañana y emprendimos juntos el ascenso hasta la bifurcación septentrional del Cañón Herradura. Al pasar junto a unos árboles chamuscados por el fuego, mi tío comenzó a relatar todas las cosas de la naturaleza que se había visto obligado a destruir cuando trabajaba como contratista en Santa Fe. En alguna obra tuvo que derribar un pino gigantesco y hacerlo pedazos. En otro sitio, abrió una carretera en una ladera silvestre. Me describió el sentimiento de culpa que lo consumió durante semanas tras haber realizado esos actos, y cómo este sentimiento lo perseguía incluso en sueños. A veces es insoportable, me dijo, pensar en todos los árboles que he matado, en todas las cicatrices que le he ocasionado a la tierra.

Quise decirle a mi tío que yo sabía de hombres que hacían cosas mucho peores, que aún llevaba conmigo imágenes de paisajes totalmente devastados, lugares atestados de carcasas de vehículos incendiados y pilas de bicicletas oxidadas, lugares en donde incluso los senderos y caminos más aislados estaban sembrados de todo tipo de deshechos: fardos de arpillera, sábanas, ropa vieja, trozos de alambre, de cuerda, bridas de plástico, galones de agua pintados de negro, abiertos a navajazos y pisoteados, aguardando el lento deterioro de los siglos venideros. Quería decirle a mi tío que yo sabía de hombres que cometían profanaciones descabelladas, que colocaban asientos de coche y muebles en la cima de colinas distantes, o en el fondo de remotos arroyos secos; que adornaban los cactus con ropa interior de mujer, que colgaban torcidos cuadros de bicicleta en las imponentes ramas de los saguaros, y que le prendían fuego a todo lo que pudieran quemar: coches abandonados, pilas de basura y altivas plantas del desierto ardiendo y humeando solas en medio de la noche.

Seguimos caminando hasta que nos topamos con la altísima pared de una presa decrépita, donde decidimos detenernos para almorzar manzanas, queso y mantequilla de cacahuate. Mientras comía, mi tío se me figuró un delicado pajarillo, y me intrigó la capacidad que tenía de demoler el paisaje, a pesar de su necesidad de buscar consuelo en la naturaleza. Él se volvió hacia mí y me sonrió. ¿Qué tal tu trabajo?, me preguntó. Mordí una manzana mientras pensaba qué responderle. Quería contarle que había llegado al punto en que apenas podía dormir, que mi cabeza estaba tan llena de violencia que apenas era capaz de percibir la belleza del paisaje que me rodeaba. Quería decirle que presentía que no había nada para él en ese lugar, que no hallaría nunca la paz en aquel desierto fronterizo. Respiré hondo y eché un vistazo al agua contenida tras la pared pandeada de la presa. Todo está bien, le respondí finalmente. Es bueno salir de la oficina y volver a trabajar en el campo. Mi tío se apoyó en uno de sus brazos y miró conmigo el paisaje que se extendía más allá de las oscuras aguas del lago.

Más tarde, mientras caminábamos de regreso a la camioneta, pensé por un instante que tal vez podría contarle sobre el sueño del lobo, que tal vez podría confiarle el miedo que sentía de estar derrumbándome. Caminábamos codo a codo y yo observé cómo mi tío levantaba sus rodillas y dejaba caer con un golpe seco sus pies sobre el sendero. Me embargó fugazmente la preocupación de que la sangre que corría por sus venas fuera la misma que corría por las mías. Sangre que colma la mente de visiones, que palpita lánguidamente durante el sueño, que devora lentamente los músculos. Sangre cargada de ruina.

Troté por las calles de El Paso hasta la calzada Rim y luego ascendí por el Paseo Turístico. El aire se había tornado frío y espeso tras la lluvia invernal, y de las chimeneas al oriente de la ciudad surgían volutas blancas. Miré al sur, más allá de la explanada de calles y edificios, hacia los nubarrones negros que se habían congregado en la cima de los cerros de Juárez, por encima de las letras blancas erigidas en la ladera con enormes piedras pintadas: CD JUÁREZ, decían, LA BIBLIA ES LA VERDAD, LÉELA. Las letras eran feas y burdas, pero me recordaban dónde me encontraba, justo encima de dos ciudades que se extendían sobre el que alguna vez había sido el lecho de una imponente cuenca fluvial rodeada de áridas cumbres pedregosas; dos ciudades que bullían y resplandecían mientras sus residentes se preparaban para la noche venidera.

Vivir en la ciudad de El Paso en aquellos días era como sobrevolar por encima de la crueldad más aplastante, como llenarte tranquilamente los pulmones de un aire impregnado de horror. Mientras corría y conducía por la ciudad, oscilando entre el trabajo y la casa, la inseguridad de Ciudad Juárez flotaba en el aire como el recuerdo de un sueño roto. En las noticias, en textos académicos, en el arte y la literatura, la ciudad era eternamente presentada como un entorno de maquiladoras, narcos, sicarios, delincuentes, militares, policías, pobreza, feminicidios, violaciones, secuestros, desapariciones, homicidios, masacres, balaceras, luchas por el poder, fosas comunes, corrupción, decadencia y erosión: un laboratorio social y económico del terror. Esta narrativa, la de una ciudad fracturada por el imponente muro, llena de instituciones descompuestas y de un pueblo aterrorizado, se había convertido en parte integral de su legado, la herencia inconsciente de todos los que ingresaban en la órbita de la ciudad. Para poder existir cómodamente en su periferia, me descubrí suprimiendo toda información o inquietud sobre lo que sucedía en Ciudad Juárez, de la misma forma en que uno aparta de la mente las imágenes de una pesadilla para poder iniciar un nuevo día.

Y ahora, mientras la noche se instalaba en el valle, me esforcé en distinguir la ubicación exacta de la frontera que fluía a través de aquella extensión iluminada. Pensé en los lugares que había visto en Juárez: los torniquetes y los puestos de tacos, las tiendas y vendedores callejeros, los semáforos parpadeantes y las intersecciones abarrotadas de autos y de gente: personas a las que yo había visto brindar, sin la menor vacilación, una inmensa generosidad para con los demás; personas que vivían y respiraban en aquella ciudad como si fuera cualquier cosa; como si aquel lugar fuera digno de ser visitado, digno de ser habitado, digno de persistir. Llevaba a Juárez en la mente y sentía el impulso de ir, de recorrer con confianza sus parques, sus aceras, sus mercados. Sentía el impulso de ir a pesar de que sabía, con desazonada tristeza, que no debía hacerlo; que una decisión que yo había tomado me impedía cruzar la frontera.

En su libro *Ringside Seat to a Revolution (La Revolución desde la primera fila),* el autor David Dorado Romo analiza la manera en que la Revolución mexicana "fue fotografiada, filmada y mercantilizada" en las dos ciudades gemelas a orillas del río Bravo, las cuales fungieron como "crisoles del pensamiento" de la insurgencia. Una atmósfera festiva prevalecía en El Paso durante la escalada que desembocó en la Toma de Ciudad Juárez, cuando ambas ciudades fueron invadidas por periodistas internacionales, fotógrafos y cineastas, y también por toda clase de mercenarios, vividores, aventureros y espectadores. Turistas provenientes de El Paso cruzaban el río Bravo para retratarse con los insurrectos y sus caballos en los campamentos instalados en el margen meridional, donde posaban con rifles en las manos y bandoleras cruzadas sobre el pecho, fingiendo lanzar miradas de férrea determinación.

Cuando en el mes de mayo de 1911 finalmente estallaron los enfrentamientos a gran escala entre soldados federales leales al presidente Porfirio Díaz y los ejércitos insurgentes comandados por el coronel Pancho Villa y el general Pascual Orozco, los habitantes de la ciudad de El Paso "corrieron a treparse a los tejados y encima de los trenes" para observar la carnicería. Por veinticinco centavos podías adquirir un lugar para mirar desde los tejados de la Mills Building, del hotel Sheldon, la torre de la Union Depot, o el edificio de la lavandería El Paso, y si ninguna clase de enfrentamiento ocurría mientras estabas allí, podías incluso exigir que te devolvieran tu dinero. Los periódicos de El Paso publicaban anuncios que señalaban: "Es insensato exponerse a cualquier peligro relacionado con los conflictos que ocurren en nuestra hermana república. Usted podrá verlo todo, incluso los más pequeños detalles, si adquiere un buen par de prismáticos". La urgencia de contemplar el caos era tan imperiosa que "la gente estaba dispuesta a arriesgar sus vidas con tal de ser espectadores", y durante la Toma de Ciudad Juárez, "cinco habitantes del El Paso fueron asesinados y [dieciocho] más heridos en el lado estadounidense de la frontera".

Los periódicos reportaban que Juárez lucía "como si hubiera sido golpeado por un huracán". Los edificios fueron destrozados y sus ruinas ardieron toda la noche. La luz del día reveló calles "cubiertas de astillas de madera, trozos de yeso, vidrios rotos y escombros de ladrillo". Para algunos, la ruina de Ciudad Juárez fue un espectáculo maravilloso. Joseph Sweeney, un ex alcalde de El Paso, observó que "era algo realmente hermoso ver la metralla reventando en el aire y esparciendo sus mortíferos proyectiles sobre las colinas y los valles circundantes". En las postrimerías de la batalla, los coches empleados para dar paseos turísticos anunciaban excursiones a las ruinas de "la ciudad devastada por la guerra".

Apenas un año antes, los residentes de ambas ciudades habían subido a sus tejados para atestiguar un evento muy distinto: el paso del cometa Halley surcando el cielo nocturno, visible a simple vista durante más de un mes. A poco más de mil ciento veintitrés kilómetros de distancia en Nuevo León, en la ciudad de Monterrey, mi abuelo, que aún no nacía, crecía en el vientre de su madre. Me imagino que su familia debió haberse reunido en algún sitio elevado, en el aire fresco de una noche de principios de verano. Me imagino a mis bisabuelos abrazando a sus hijos mientras contemplaban sobrecogidos el cosmos. Me imagino a la diminuta Frances, mi tía abuela, admirando el cometa como si éste fuera una incomprensible franja de luz.

Beto me invitó a ir con él y sus amigos a una disco en el centro. Nos abrimos paso a través de una acalorada multitud de mujeres ligeras de ropa y hombres sudorosos, y nos turnamos para comprar las bebidas.

Observé a una mujer vestida de rojo que bailaba con un hombre detrás del cordón que separaba la zona VIP, en el centro de la pista de baile. Beto se inclinó hacia mí y me gritó al oído: Yo no la miraría tanto si fuera tú. ¿Qué?, le pregunté. Está con un narco, respondió Beto, bajando la voz. Señaló al hombre y yo miré cómo el tipo sujetaba a la mujer de las caderas mientras ponía los ojos en blanco.

Gran parte de la noche bailé con una mujer delgada de cabello oscuro. Me condujo de la mano hacia una terraza al aire libre y permanecí a su lado en el frío mientras ella fumaba un cigarro recargada contra el muro de ladrillos de la disco. No me gusta este lugar, me dijo. ¿A qué te refieres?, le pregunté. Hace rato, me contó, cuando fui al baño, una pareja se me acercó. Eran dos hombres maduros, como de unos cuarenta años, y se veía que tenían dinero: eran atractivos, ya sabes; iban vestidos con ropa cara. Hablaban español como si fueran de España y trataron de convencerme de que me fuera con ellos a su casa, o a la casa de un conocido suyo, no estoy muy segura. Pero algo me dio mala espina, dijo ella. Fumó precipitadamente y tiró del dobladillo de su vestido, para luego cruzarse de brazos.

En el interior de la disco, la mujer se alejó de mí y desapareció entre la muchedumbre. Al final de la noche, mientras los bares cerraban sus puertas y las calles y los estacionamientos se llenaban de gente joven, la busqué afuera de la disco, estirando el cuello para mirar por encima de la multitud.

A mediados de los años noventa, el feminicidio —el asesinato de mujeres— se convirtió en la seña distintiva de Ciudad Juárez, un emblema del peligro y el caos que reinaban a lo largo de la frontera. El periodista de la Ciudad de México Sergio González Rodríguez fue uno de los primeros reporteros foráneos en cubrir los asesinatos para una publicación nacional. En *La máquina feminicida*, González describe el crimen arquetípico de esta era: "Las víctimas eran secuestradas en las calles de Ciudad Juárez y llevadas a la fuerza a casas de seguridad donde eran violadas, torturadas y asesinadas en orgías y fiestas privadas. Los cuerpos de las víctimas eran arrojados en el desierto como si fueran basura, o tirados en plena calle, en las esquinas y lotes baldíos de las zonas urbanas y suburbanas de la ciudad, así como en los barrios periféricos". Al desechar a sus víctimas en lotes baldíos y basureros, afirma González, los perpetradores de estos crímenes les negaban la condición humana más esencial. "Abandonar en un basurero el cuerpo violado, maltratado y semidesnudo de una mujer es resignificarlo con indiferencia y abyección. El acto suprime la distancia entre los objetos y los seres humanos, y es un llamado al caos más brutal... Por medio de éste, a la víctima se le recuerda la restringida posición que ocupa en la esfera doméstica e industrial... Su identidad ha sido predestinada a no existir".

Incluso aunque los feminicidios ocurridos en la ciudad pronto captaron la atención internacional, las identidades de las víctimas fueron silenciadas por narrativas sensacionalistas, que representaban a las mujeres como criaturas jóvenes e indefensas, explotadas por las plantas manufactureras de propiedad estadounidense conocidas como maquiladoras, y atacadas mientras regresaban del trabajo en autobús o se divertían en los centros nocturnos de la ciudad. En una entrevista para *The Texas Observer*, Molly Molloy explica cómo estas narrativas sirvieron para fetichizar a las víctimas, al representarlas como objetos "expiatorios" y símbolos "del sufrimiento", y revela cómo la retórica sexualizada que envuelve a los feminicidios erotiza a sus víctimas, presentando a las mujeres —muchas de las cuales "eran económicamente activas y el único sostén de sus familias"— como seres mucho más indefensos y desamparados de lo que realmente eran.

Al principio se creyó que las mujeres asesinadas en Juárez eran las víctimas de un asesino en serie. Cuando el presunto asesino fue capturado, los crímenes posteriores fueron achacados a supuestos imitadores o a pandillas de sujetos misóginos y obsesos sexuales. Las autoridades locales y estatales dieron a entender que muchas de las mujeres habían contribuido a su propia victimización debido a su predilección por frecuentar bares y centros nocturnos. La ciudad era presentada como un campo de batalla, una eterna escena del crimen. En lugares así, donde la amenaza de la muerte es incesante, hay muy poca oportunidad para el duelo. En Ciudad Juárez, esta situación sentó las bases de la negación casi ritual de las pérdidas individuales, tanto por aquellos que pretendían llamar la atención sobre los crímenes como por aquellos que buscaban desestimarlos.

Las fuerzas de seguridad nunca mostraron interés alguno en investigar seriamente los asesinatos. En 2003, el Comité de las Naciones Unidas para la Eliminación de la Discriminación contra la Mujer visitó Juárez para evaluar la discriminación por motivos de género y la violencia en la ciudad. El informe posterior halló que "hasta el presente, en los casos de crímenes sexuales, los asesinos han actuado con absoluta impunidad. Casi todas las fuentes, incluyendo afirmaciones y comentarios hechos a la delegación por funcionarios del Gobierno Federal y dirigentes de instituciones a esa instancia, incluso de algunos senadores, dejan claro que se presume en los años transcurridos, complicidad y fabricación de culpables por parte de autoridades locales, tanto estatales como municipales".

Sandra Rodríguez Nieto, reportera de *El Diario de Juárez* y con una amplia trayectoria en el periodismo de investigación, escribe sobre las entrevistas que realizó a diversas víctimas de la violencia en Ciudad Juárez en su libro *La fábrica del crimen*: "Todos los que tenían que entrar en contacto por alguna razón con el sistema penal del estado de Chihuahua reportaban la peor experiencia de sus vidas: las víctimas no tenían justicia, los detenidos carecían de garantías y pruebas legales en su contra, por lo que era altamente probable que los verdaderos homicidas siguieran libres".

En 2004, el internacionalmente reconocido Equipo Argentino de Antropología Forense —una organización no gubernamental de derechos humanos creada por científicos forenses en 1984 para investigar las miles de desapariciones sin resolver producto de la Guerra Sucia argentina— comenzó una investigación independiente de los feminicidios en Ciudad Juárez. En informes posteriores, el equipo constató la ineptitud deliberada del sistema judicial y la propensión de sus organismos investigadores a cometer "graves irregularidades metodológicas y de diagnóstico" en la forma en que se llevaba a cabo la identificación de los cuerpos de las mujeres. Tras investigar a los más de treinta cuerpos no identificados que fueron extraídos de fosas comunes, el equipo halló que las autoridades estatales a menudo no etiquetaron correctamente los restos, situación que en algunos casos llevó a que partes de los cuerpos de distintas personas se mezclaran, literalmente amalgamando a las víctimas individuales en una masa indistinta.

En muchos sentidos, los feminicidios sin resolver establecieron los fundamentos estructurales de la violencia a gran escala que terminaría por eclipsarlos. Para el año 2008, poco más de un año después de que Calderón le declarara la guerra a los cárteles, Ciudad Juárez se había convertido en el epicentro del conflicto. Cuando la violencia estalló al sur de la frontera, Juárez experimentó una macabra transformación. Dejó de ser la ciudad donde las mujeres morían para convertirse en la ciudad donde todos morían. Durante el apogeo de la violencia en 2010, según *El Diario de Juárez,* se reportaron más de tres mil homicidios —ocho diarios, en promedio—, valiéndole a Juárez el mote de "La ciudad del crimen" y el dudoso título de "La capital mundial de homicidio". Durante esta misma época, El Paso fue nombrada la ciudad más segura de los Estados Unidos.

La matanza indiscriminada en Ciudad Juárez y el resto de México se tornó tan encarnizada que en el año 2012, cuando el corresponsal de *The New York Times* Damien Cave reportó el surgimiento de una nueva oleada de asesinatos y desapariciones de mujeres en Ciudad Juárez, aún más grave que la ocurrida en los años noventa y principios de los dosmiles, no logró despertar el interés de nadie. "La gente ya no ha reaccionado con la misma fuerza de antes", le dijo a Cave un investigador de derechos humanos del estado de Chihuahua. "Creen que es natural".

Manuel nos preguntó a Beto y a mí si podíamos ayudarlo a mudarse a su nueva casa durante el fin de semana. Beto y yo acudimos en coche un sábado por la mañana y ayudamos a su familia a descargar un inmenso camión de mudanzas estacionado en la entrada. Su esposa nos daba instrucciones mientras nosotros metíamos cargando los muebles a las habitaciones o los subíamos al piso de arriba. Las dos hijas de Manuel corrían a nuestro alrededor mientras cruzábamos la sala con los brazos cargados de cajas. Cuando finalmente terminamos de vaciar el camión, nos sentamos en unos banquillos en torno a la barra de la cocina y comimos pizza con la familia. Manuel nos presentó a sus padres. Éste es mi otro hijo, les dijo, señalándome. Yo me reí y les estreché las manos. Mucho gusto, les dije, en español. El padre de Manuel sonrió. Hablas muy bien español, me dijo, ¿eres mexicano? Pensé en cómo responderle. En parte sí, le dije. La familia de mi abuelo era de Monterrey. Ah, exclamó el padre de Manuel. Yo soy de Delicias, estado de Chihuahua. Pero he estado en Monterrey, me dijo con orgullo. Yo antes manejaba camiones de carga pesada por toda la frontera. Se irguió sentado en su banquillo. Fui troquero. Conozco todas partes.

La madre y el padre de Manuel se pusieron a contarnos sobre las ciudades del oeste de Texas y los pueblos aledaños del norte de Chihuahua y Coahuila. Antes cruzábamos la frontera como si nada, nos dijo su madre. El padre de Manuel meneó la cabeza. Cuando me retiré de los camiones, nos llevamos a los niños de viaje por toda la frontera, hasta llegar al Golfo de México. La madre de Manuel suspiró. Qué viaje tan bonito, dijo. Miró con cariño a su esposo y luego a Manuel. Manuelito, le dijo, ¿tú te acuerdas de esos pueblitos en el Big Bend? Manuel se encogió de hombros. No me acuerdo, ma. El padre de Manuel alzó la mano para interrumpir. Bueno, dijo, pues yo sí lo recuerdo, como si hubiera sido ayer. La gente cruzaba de aquí para allá todo el tiempo, como si la frontera no existiera. Se me quedó viendo y enarcó las cejas. Los hombres incluso cruzaban el río a caballo, como en las películas del viejo oeste. La madre de Manuel sonrió. Es cierto, dijo, igualito que en las películas. Meneó la cabeza y bajó la mirada y observó a sus nietas comer pizza. No había tanto problema en aquel entonces, dijo. Hasta solíamos llevar a los niños a Ciudad Juárez. Los fines de semana largos nos íbamos con toda la familia a los lagos y las montañas al sur de la ciudad. A los niños les encantaba ir: pescaban y jugaban en el agua durante días. Miró a Manuel. ¿Te acuerdas, mijo? Manuel le sirvió otra rebanada de pizza a su hija. Sí, ma, claro. Su mamá suspiró. Ahora ya no vamos nunca para allá.

Saliendo de casa de Manuel, Beto y yo nos pusimos a hablar por primera vez de nuestras vidas antes de la Patrulla. Me contó que él siempre había querido ser policía, que había ido a la universidad a estudiar justicia penal y que siempre supo que quería llevar una placa y una pistola. Cuando era chico y vivía a las afueras de El Paso, me contó, parecía que a los únicos que les iba bien era a los que se ganaban la vida trabajando para los narcos, o a los que se la ganaban combatiéndolos. Le pregunté por la universidad, si alguna vez pensaba volver. Pero él negó con la cabeza. Para mí, ésta es mi vida, me dijo. Ya llevo casi diez años en esto. Le pregunté si alguna vez había pensado en abandonar la Patrulla. Él clavó su mirada por encima del volante. Me dijo que tenía que pagar una hipoteca, que todavía no terminaba de pagar su auto. No podía renunciar a su salario a menos que algo igual de bueno le surgiera. Yo me reí. Me cuesta trabajo entenderte, le dije. ¿A qué te refieres? Vivo en tu pinche patio, le respondí. Podría botarlo todo cuando quisiera.

Beto me explicó que, para progresar, tendría que ascender a supervisor o pedir su transferencia a otra agencia. ¿A cuál te irías?, le pregunté. Él lo pensó por un instante. ¿Sabías que el Departamento de Estado tiene su propio cuerpo de seguridad?, me preguntó. El Servicio de Seguridad Diplomática. Se la pasan viajando por todo el mundo. Sonrió. Eso sí estaría padre. Miré por la ventana la ciudad de concreto que se extendía hacia el sur de la autopista interestatal. Yo también he pensado en el Departamento de Estado, le dije, pero no en las fuerzas de seguridad. Beto se rio. ¿Quieres ser embajador, güey? Me encogí de hombros. Solía pensar en el servicio exterior, le confesé, pero eso era antes de entrar a la Patrulla. Tienen programas de becas. Puedes solicitar una para realizar investigaciones en cualquier país que tú quieras. Beto se quedó mirando la carretera. Qué chingón, dijo por último.

Permanecimos en silencio unos minutos. Entonces Beto me miró. ¿Así que estás buscando la manera de salirte?, preguntó. Me encogí de hombros. No llevo ni cuatro años adentro. ¿Y qué? Eso no significa que no quieras hacer otra cosa, pendejo. Es verdad, le respondí. Miré de nuevo por la ventana. Siempre imaginé que volvería a la universidad, le dije. Solía pensar que me especializaría en leyes, ciencias políticas, algo por el estilo. Pero ya no sé. Cuando estaba en la universidad, pasé un montón de tiempo estudiando relaciones internacionales, inmigración, seguridad fronteriza. Todo el tiempo estaba leyendo sobre política y economía, estudiando las complicadas formas en que los académicos abordan este enorme problema sin solución. Cuando tomé la decisión de solicitar este empleo yo estaba convencido de que en la Patrulla vería cosas que, de alguna manera, me revelarían lo que realmente es la frontera, ¿sabes? Pensé que encontraría todo tipo de respuestas. Y en este trabajo ves muchísimas cosas y tienes un montón de experiencias. Pero no sé cómo ponerlas en contexto, y no sé dónde chingados encajo yo en todo esto. Y ahora tengo más preguntas que antes. Beto siguió manejando; ocasionalmente me lanzaba alguna mirada. Chingados, dijo finalmente, qué rollo tan grueso.

Cuando salimos de la autopista Beto comenzó a platicarme de su familia. Había crecido en ambos lados del río y todavía tenía primos en Ciudad Juárez. Antes solíamos hacer estas enormes fiestas familiares del otro lado, me contó, pero ahora sólo veo a mis primos cuando vienen a El Paso a cotorrear. Al acercarnos a la casa, le pregunté a Beto si alguna vez cruzaba la línea para visitar a sus familiares. Nunca, me dijo. No desde que trabajo en la Patrulla. Se detuvo ante un semáforo al pie de una colina y miró hacia una calle lateral. Incluso antes de que las cosas se pusieran tan feas, ya no iba, me dijo. Yo sabía que no me pasaría nada, pero hay algo que tiene que ver con el hecho de ser agente. No me parecía prudente. Asentí. Yo tampoco he ido, le dije.

La luz cambió a verde y Beto condujo colina arriba mientras yo me pregunta por qué, cuál era la causa que nos impedía cruzar al otro lado.

En *Antígona González,* Sara Uribe escribe:

Contarlos a todos.
Nombrarlos a todos para decir: este cuerpo podría ser el mío.
El cuerpo de uno de los míos.
Para no olvidar que todos los cuerpos sin nombre son nuestros cuerpos perdidos.

Sueño que estoy en Ciudad Juárez con Manuel y Beto. Manejamos de noche por una calle llena de gente y estacionamos el auto a la orilla del camino para unirnos a la multitud. Caminamos por la ciudad con la gente de Juárez, celebramos con ellos al aire libre. Bailo con las muchachas en la calle, las beso y las hago girar bajo las luces. Tengo la impresión de que una oleada de inquietud recorre a la multitud, y cada cierto tiempo, Beto se inclina hacia mí y señala a ciertas personas relacionadas con el narco, ciertos vehículos de los que debemos cuidarnos, ciertos lugares que debemos evitar. Al rayar el alba la multitud se dispersa y nosotros nos disponemos a regresar a nuestro vehículo estacionado. Mientras caminamos por la acera, Manuel nos hace señas para que volteemos. A lo lejos se alcanza a ver un grupo de hombres que avanzan por la vía, matando y secuestrando a la gente que permanece en las calles. Vienen para acá, nos dice Manuel. Corremos hacia el coche y yo me digo a mí mismo que no debimos haber venido a este lugar. Todos hemos visto las imágenes sangrientas, pienso. ¿Por qué venimos? Llegamos al coche. Mientras conducimos a toda velocidad por la ciudad, las calles comienzan a llenarse nuevamente de gente. Los residentes inician sus jornadas, caminan en todas direcciones con los brazos cargados de flores. ¿Cómo es que viven con el miedo, me pregunto, cómo es que sobreviven?

El historiador Timothy Snyder ha pasado buena parte de su carrera estudiando el terror ejercido contra los pueblos de Europa del Este en el periodo de 1930 a 1945, en las regiones fronterizas entre la Alemania de la Segunda Guerra Mundial y la Unión Soviética. En su libro *Tierras de sangre,* Snyder hace una crónica de los genocidios perpetrados por Hitler y Stalin en Polonia, Ucrania, Lituania, Bielorrusia y la Rusia Occidental: campañas de matanzas masivas e inanición a gran escala, motivadas por causas étnicas y políticas.

Snyder le pide a sus lectores que consideren la impresionante cifra de muertos —catorce millones— como catorce millones *por uno*. "Cada registro de fallecimiento indica, aunque no pueda darse a entender, una vida única. Hemos de ser capaces no sólo de reconocer el número de muertes, sino de reconocer a cada una de las víctimas como individuos", escribe Snyder, y explica que "pasar a formar parte, tras la muerte, de una inmensa cifra implica disolverse en el caudal del anonimato. Ser enlistado póstumamente en las memorias en conflicto de una nación, memorias reforzadas por las cifras de las que tu vida ha pasado a formar parte, es sacrificar la individualidad. Es ser abandonado por la historia".

Snyder concluye su libro con un llamado a los colegas académicos e historiadores, y a todos aquellos que lidian con la muerte a gran escala: "Nos corresponde a nosotros como académicos", los exhorta, "investigar estas cifras y ponerlas en perspectiva. Nos corresponde a nosotros como humanistas volver a convertir estas cifras en personas".

Hayward vino a mi oficina al mediodía mientras yo revisaba las noticias del día en mi computadora. ¿Estás ocupado?, me preguntó. No, le dije, alzando la mirada de la pantalla. Observó detenidamente mi cara. Jesús, dijo, te ves de la chingada. Gracias, le respondí. No he podido dormir, es todo. Bueno, me dijo, vayamos a almorzar algo.

Después de ordenar la comida, Hayward se quitó el sombrero y lo puso sobre la mesa. Hubo una balacera en tu antigua estación, me dijo, ¿supiste? No, le respondí. ¿Qué pasó? Un agente le disparó y mató a un guatemalteco cerca de la línea. Maldición, exclamé. Dicen que fue un buen tiro, añadió Hayward; en defensa propia, certero y limpio. ¿Cuál es el nombre del agente?, le pregunté. López, respondió. ¿Lo conoces? Pensé en mis viejos tiempos en la estación. No recuerdo a ningún López. Pues qué mal, replicó Hayward; quería ver si tú sabías cómo se encontraba. Se apoyó contra el respaldo de su asiento y miró por la ventana. Sé lo mal que puede sentirse un hombre después de matar a alguien, dijo después de una pausa. ¿Te han contado los chicos de mí? Parpadeé desconcertado. ¿Qué quieres decir?, le pregunté. Una vez le disparé a un niño, dijo Hayward. Cuando era policía, allá en Virginia. Pensé que tal vez ya lo sabías. La gente habla, ya sabes. Había tomado su sombrero y combaba y flexionaba el borde con sus manos.

Cuando recibió la llamada por radio, me contó Hayward, él iba de regreso a la estación después de haber trabajado dos turnos seguidos. A unas cuadras de distancia, un detective encubierto estaba en plena persecución de un auto robado. Hayward acudió con las luces y las sirenas encendidas y bloqueó la ruta del vehículo en una calle lateral. Cuando el auto se detuvo para dar vuelta en U, el detective encubierto saltó de su vehículo y trató de sacar al conductor del auto robado. Cuando éste abrió la puerta, el conductor lo sujetó del brazo y tiró de él mientras realizaba el giro. El detective colgaba del auto y estaba empezando a ser arrastrado por el pavimento mientras el auto aceleraba, así que Hayward apuntó y disparó dos veces, dándole justo en la cabeza al conductor. No supe dónde le había dado, me contó, sólo vi que el conductor se doblaba y que el auto se detenía. No era más que un niño, tenía diecisiete años. Había otro pasajero dentro del auto, un chico de diecinueve años, ileso.

Hayward se quedó mirando su sombrero mientras un viejo y silencioso dolor, uno que yo esperaba no tener que cargar nunca, embargaba su rostro. Diablos, dijo Hayward, yo apenas tenía veintitantos años.

En sus constantes intentos por comprender las raíces de la violencia humana, los científicos han logrado identificar una deficiencia genética que predispone a ciertos hombres a cometer actos hostiles. En 1978, en una ciudad de la región sureste de Holanda llamada

Nijmegen, una mujer contactó a especialistas del Centro Médico de la Universidad de Radbound, preocupada por el violento historial de su familia, que incluía a sus hermanos, a su hijo y a varias generaciones de antepasados masculinos. Estos hombres violaron y abusaron de sus hermanas, persiguieron a empleados en ataques de cólera, perpetraron incendios, provocaron peleas, amenazaron a los miembros de la familia, a compañeros de trabajo, amigos y extraños. En 1962, el tío abuelo de esta mujer, un pacífico hombre que trabajaba como maestro en una institución para personas con problemas de aprendizaje, logró remontar la violencia de su familia hasta el año 1870 e identificó a nueve parientes y antepasados con historiales de conducta semejantes. Por más de una década, genetistas de la Universidad de Nijmegen estudiaron a la mujer y a su familia.

En 1993, después de quince años de estudios, los investigadores identificaron una deficiencia en un gen que produce una enzima llamada monoamina oxidasa A, o MAOA, un regulador clave del control de impulsos. Los individuos que presentaban niveles bajos de MAOA, al parecer, eran propensos a la violencia, y los investigadores comenzaron a referirse a ellos como portadores del "gen guerrero". Dado que la incidencia de esta deficiencia está vinculada a un defecto en el cromosoma X, los varones —que sólo poseen un cromosoma X, en tanto que las mujeres poseen dos— son más propensos a manifestar este defecto, aunque las mujeres pueden portarlo y transmitirlo a sus hijos varones. Estudios subsecuentes revelaron que cerca de un tercio de la población mundial masculina porta el gen guerrero, una expresión genética que puede ser desencadenada por la exposición a sucesos traumáticos en la infancia.

El doctor James Fallon, especialista en neurociencias de la Universidad de California en Irvine, descubrió que varios de sus ancestros habían cometido horribles asesinatos en el pasado, por lo que decidió someterse a tomografías cerebrales y a un análisis genético.

145

Sus patrones de actividad cerebral y los resultados del análisis mostraron coincidencias con aquellos perfiles asociados por los científicos a la agresión y la violencia. Fallon atribuyó a su infancia "afortunada" no haber incurrido en estas tendencias. "Si posees la forma de alto riesgo del gen y encima sufriste abusos a edad temprana", explicó en una entrevista, "tus posibilidades de caer en la delincuencia son muy elevadas. Si posees la forma de alto riesgo pero no sufriste abusos, entonces no hay tanto riesgo. De modo que, un gen o una variante, por sí mismos, no afectan dramáticamente el comportamiento, pero bajo ciertas condiciones ambientales sí puede existir una enorme diferencia".

El doctor Fallon no especifica cuáles son las condiciones ambientales que podrían conducir a la activación del gen guerrero, ni tampoco plantea si el trauma a gran escala, ejercido durante décadas en una sociedad, podría desatar una incesante perpetuación de la violencia. Tampoco indica por cuánto tiempo es capaz nuestro subconsciente de absorber el terror y el miedo —por cuánto tiempo podemos vivir en medio de la agresión y la crueldad— antes de precipitarnos hacia la locura.

Acepté cuidar al perro de Beto cuando él tuvo que irse por varios días a realizar una misión de inteligencia fuera de la ciudad. Antes de que se marchara, le comenté que planeaba irme de excursión a la Sierra de los Mansos durante el fin de semana. ¿Crees que tu perro aguantaría subir una cuesta empinada y caminar un par de horas seguidas?, le pregunté. No lo creo, respondió Beto.

Por la mañana, antes de partir a la sierra, le di de comer al perro de Beto y lo dejé encerrado en el patio. En el trayecto de El Paso hacia el sendero del cañón McKelligon, ubicado en la cara este de la sierra, noté que un fuerte viento comenzaba a soplar por la ciudad. Mientras ascendía, el viento me rasgó la camiseta y el polvo me impedía ver nada en dirección al este. Una hora más tarde, cuando llegué a la cima, vi que la región entera estaba completamente cubierta por una inmensa nube de polvo marrón grisáceo. En un día despejado habría alcanzado a ver las llanuras del oeste de Texas y los desiertos de Nuevo México; habría alcanzado a ver Ciudad Juárez, hacia el sur, y la zona rural circundante, pero con todo aquel polvo en el aire ni siquiera podía ver la base de los cerros. Descendí del cañón tapándome los ojos y escupiendo arena.

Regresé a casa y me encontré con que el portón del patio estaba abierto y el perro de Beto había desaparecido. En la menguante y polvorienta luz del atardecer, manejé frenético por los alrededores del vecindario, buscando al perro, incapaz de poder ver nada a más de cien metros de distancia. En medio de aquella neblina marrón alcancé a ver a una mujer caminando por la calle, con la capucha de su sudadera firmemente atada en torno a su rostro. Bajé la ventanilla y le hablé a gritos por encima del viento. El camión de la perrera acaba de pasar por aquí, hace unos quince minutos, me dijo. Manejé de regreso a la casa de Beto y encontré una nota del Departamento de Servicios Animales de El Paso en la puerta. Crucé volando la ciudad, maldiciéndome en voz alta.

En el refugio de animales hallé al perro de Beto cubierto de sangre y mordeduras, agazapado en un rincón de la perrera. Por un instante sentí que me encontraba en una pesadilla. Estuvo en una pelea, me informó el oficial. Estará bien, pero el otro perro quedó muy mal. El oficial me dio la dirección de una casa que se encontraba a pocas cuadras y me dirigí directamente hacia allá, con el perro de Beto acurrucado en el asiento del pasajero de mi camioneta. Una vez frente a la casa, me pregunté por qué mejor no me daba la vuelta y me marchaba, por qué debía hacerme responsable de una pelea en la que yo no había tenido nada que ver. Una mujer desaliñada me abrió la puerta. Se supone que yo estaba cuidando al perro, le dije, y de pronto me quedé sin palabras. Me llevé una mano al pecho y apreté las qui-

147

jadas. La mujer permaneció inmóvil, con la mano congelada sobre el picaporte de la puerta. ¿Se encuentra bien su perro?, logré preguntarle finalmente. Mi esposo la llevó a la veterinaria, me dijo, sin disimular su furia. Su maldito perro le abrió la garganta, le desgarró toda la pinche yugular. Bajé la mirada. Van a suturarla, agregó la mujer, pero no sabemos si sobrevivirá. Me miró con los ojos muy abiertos, sin parpadear. Lo lamento, le dije. Un silencio gélido se extendió entre los dos, hasta que finalmente me di la vuelta para marcharme. Volveré para pagarle los gastos del veterinario, le dije. Se lo prometo.

Aquella noche, mientras el viento soplaba a través del desierto, me hinqué de rodillas en el patio de la casa de Beto y, temblando, enjuagué la sangre del hocico de un animal.

En su libro *What Have We Done ("Qué hemos hecho")*, el corresponsal de guerra veterano David Wood examina la omnipresencia de las "heridas morales" entre soldados que han vuelto de los frentes de batalla de Irak y Afganistán. La herida moral, que durante mucho tiempo ha sido confundida con el trastorno de estrés postraumático, implica una lesión mucho más sutil, pues no se caracteriza por súbitos recuerdos del evento traumático ni por reflejos de sobresalto, sino por sentimientos de "aflicción, remordimiento, dolor, vergüenza, resentimiento y confusión moral" que no se manifiestan en reacciones físicas, sino en respuestas emocionales más discretas, como sueños o dudas. "En su sentido más simple y profundo", escribe Wood, "la herida moral implica una aguda desconexión de nuestra concepción de quiénes somos y de qué es lo que debemos o no debemos hacer". Como un soldado le señaló a Wood: "La herida moral es un comportamiento aprendido: implica aprender a aceptar cosas que tú sabes que están mal".

Wood señala que "la mayoría de nosotros... poseemos una concepción profunda y personal de las reglas morales de la vida, de lo que es justo e injusto, lo que está bien o mal. Esa concepción, nuestra brújula interior, se construye con las convicciones que comenzamos a adquirir de niños… Pero la guerra, por su propia naturaleza, tiende a derribar súbita y violentamente estas convicciones morales. Las cosas no suelen marchar bien en la guerra, pues su propósito mismo implica la muerte y la destrucción". Este derribo de las creencias es un proceso gradual, difícil de percibir, y por lo tanto la herida moral es una lesión que se desarrolla con lentitud, algo que ocurre, en palabras de un veterano de la guerra de Irak, "cuando una persona tiene tiempo para reflexionar sobre la experiencia traumática".

Cuando Wood escribe sobre la herida moral, la mayor parte de las veces se refiere a los traumas sufridos en combate por soldados desplegados en zonas de guerra de países al otro lado del mundo. Pero también señala que no es necesario haber estado en combate para haber sido herido moralmente, y nos recuerda que la guerra es un fenómeno que se extiende más allá de los campos de batalla, algo que se infiltra entre las geografías y las relaciones inmediatas y que penetra profundamente en el inconsciente individual y colectivo. "Estar en guerra", afirma Wood, incluso en este sentido más amplio, "es estar expuesto a las heridas morales".

Nuestro equipo fue enviado a trabajar en una misión en los desiertos de mi vieja estación. Antes de marcharnos de El Paso, Hayward vino a decirme que necesitaba que yo diera mi máximo esfuerzo. Conoces bien el terreno. Quiero que ayudes a Manuel a triangular las ubicaciones de los vigilantes, que compares las comunicaciones interceptadas con tus conocimientos del terreno y lo que aparece en el mapa. Quiero saber dónde están montando sus cargas y qué es lo que alcanzan a ver desde sus puntos de observación. Hay un chingo de droga moviéndose por ahí: averigüemos a dónde la están llevando.

Pasé días enteros conduciendo en compañía de Manuel y Beto, contemplando el floreciente paisaje por la ventanilla: el verde brillante de la gobernadora y los penachos amarillos del palo verde, las puntas rojas de los ocotillos y las infinitas y anaranjadas flores silvestres. Y mientras escuchábamos las voces cascadas en los escáneres, me imaginaba que tal vez yo sabía dónde estaban aquellos hombres y trataba de retener en mi mente sus ubicaciones elevadas mientras recorríamos la efímera exuberancia del desierto.

Al atradecer, regresábamos a la base de operaciones de avanzada, donde habíamos instalado una casa rodante que funcionaba como centro de mando móvil. Una tarde, un par de horas antes del anochecer, Hayward propuso que algunos de nosotros saliéramos a patrullar las carreteras secundarias en las cuatrimotos, para inspeccionar los accesos a una colina usada por los equipos de reconocimiento. Vayan ustedes, le dije a Hayward; yo me quedaré a terminar el informe del turno. Media hora después de haberse marchado con Manuel y Beto, Hayward me llamó por celular. Nos topamos con una desertora, me dijo, ¿podrías llevarla a la base por nosotros? Claro, le dije. Le pregunté si la mujer se encontraba bien, si tenía agua. Se encuentra bien, me aseguró.

Cuando llegué vi a Hayward, a Manuel y a Beto parados junto a una mujer bajita sentada en medio del camino de terracería. Hayward se acercó caminando hacia mí mientras Beto y Manuel hablaban con la mujer en español. Le revisamos los bolsillos, me dijo, y sólo llevaba esto. Me entregó un teléfono celular. Su grupo la abandonó. Parece que cojea bastante, probablemente tiene los pies cubiertos de ampollas. Manuel y Beto condujeron a la mujer a la parte trasera de mi patrulla y la ayudaron a subir al asiento trasero. Vaya con cuidado, señora, le dijo Manuel, antes de cerrar la puerta. Le eché un vistazo al cielo y luego me volví hacia Hayward. Deberían irse ya, le dije, no queda mucha luz. Como tú digas, jefe, me respondió. Pero no olvides terminar el informe.

Mientras conducía por el camino de terracería hacia la base miré a la mujer por el espejo retrovisor y a través de la malla metálica que nos separaba. Traté de pensar en algo que decirle, pero no podía hablar. ¿Quiere que baje las ventanillas?, logré preguntarle finalmente. Como usted quiera, oficial. Las bajé y me volví hacia la mujer. Me puedes tutear, le dije.

El aire fresco del exterior penetró en el vehículo y yo miré hacia el horizonte, donde las tolvaneras se deslizaban lentamente por el valle bañado de luz, una miríada de conos del color de la arcilla girando en la lejanía. Por un breve instante, mientras conducía por aquella amplia extensión, sentí una extraña y a la vez familiar sensación de libertad, una vieja intimidad con el desierto. Tal vez había algo reconfortante, pensé, en poder mirar el paisaje y ver con mis propios ojos los horrores que en él se desplegaban. Eché nuevamente un vistazo a través de la malla a la mujer sentada detrás de mí. Miraba por la ventanilla abierta mientras el viento le azotaba los cabellos contra el rostro avejentado por el sol. Me pregunté qué cosas habría visto esa mujer, qué cosas sentiría al mirar el desierto, y tuve la certeza de que no era ninguna sensación de libertad.

Al llegar a la base de operaciones de avanzada, estacioné el vehículo y ayudé a la mujer a descender de él. Le ofrecí mi brazo y ella cojeó por la pasarela hasta una pequeña sala de espera. En el interior, tomó asiento sobre una gélida banca de metal mientras yo le hacía una serie de preguntas para llenar sus formas de repatriación voluntaria, lo más parecido a una conversación que pude entablar con ella. Tengo cuarenta y seis años, me dijo. Estaba tratando de llegar a Phoenix para ver a mi marido. Mi grupo cruzó hace cuatro días. Me abandonaron al segundo. Vengo de Guerrero.

Después de llenar la documentación le pregunté a la mujer si podía examinar sus pies. Soy técnico en urgencias médicas, le dije, puedo decirle qué tan mal están. Ella se quitó los zapatos muy lentamente, avergonzada por el olor. No se preocupe, le dije, estoy acostumbrado. Al quitarse los calcetines, la tela, rígida a causa del sudor seco de días enteros, le arrancó la piel de las plantas. Las puntas y los talones de sus pies estaban cubiertos de numerosas ampollas del tamaño de un dólar de plata. Abrí el botiquín médico y me puse un par de guantes. Toqué sus pies y los giré cuidadosamente para examinarlos. Están bien, le aseguré, he visto casos peores. La mayor parte de las ampollas no han reventado.

Uno por uno, le limpié ambos pies con toallitas desinfectantes; usé hisopos de algodón para absorber el líquido que brotaba de las ampollas reventadas y les apliqué ungüento. Lentamente desenrollé un rollo de gasa blanca entorno a cada uno de sus pies pálidos, y luego los envolví con vendajes elásticos. Cuando alcé la mirada vi que la mujer me observaba con la cabeza apoyada sobre el hombro. Eres muy humanitario, oficial, me dijo. Miré sus pies y negué con la cabeza. No, le dije, no lo soy.

"Lo más horrible es cuando estás soñando", les cuenta el sicario a sus entrevistadores. "Los sueños son muy realistas. Yo soñaba que corría por las calles, saltando los carros. O soñaba que estaba allá y que no llevaba el arma y que me perseguían. Y los sueños eran tan reales que me despertaba, la pistola en la almohada, en mi mano, apuntando".

"Yo era muy violento", explica el sicario. "Los sueños no son una cosa que diga uno: no va a pasar. No son sueños fantásticos sino muy realistas. El temor de uno, en mi caso, mi temor de no estar en mi casa, y de no dormir en la casa con mi familia, el dormir solo… era porque el menor ruido hacía que reaccionara violentamente… Mi esposa un día trató de ayudarme porque vio que estaba teniendo una pesadilla, pero al moverme mi reacción fue —ARRRGGH— agarrarla del cuello, y yo no reaccionaba y ella se estaba asfixiando, estaba estrangulando a mi propia esposa". Las enormes manos del sicario se estremecen mientras hace el gesto de estrangular a alguien, con los dedos temblorosos y crispados.

"Desde ese momento supe que algo muy malo me estaba pasando. Ya no servía para nada. Había una línea que yo respetaba, entre el trabajo que yo hacía —como escolta, como instructor, como ejecutor—, pero el trabajo ya no se quedaba de ese lado de la línea".

Eventos como éste finalmente lo obligaron a abandonar el negocio de matar. "Durante todo este trayecto, en la vida llega un momento cuando llegas a un tope, a un límite". Para romper sus lazos con el cártel, el sicario huyó con su familia e inició una vida como prófugo, una vida plagada de nuevos e inexorables temores. Aceptó la invitación de un amigo de acompañarlo a un servicio religioso en una iglesia cristiana. "Mi sorpresa fue que, tan pronto llegué ahí... No supe lo que sentí, no puedo explicar lo que estaba sucediendo. Mi llanto corría y corría". En el documental, el sicario comienza a llorar mientras cuenta la historia. Su cabeza, cubierta con la capucha negra, se mece suavemente y su voz se quiebra. "No escuchaba la oración", cuenta. "No escuchaba nada... Yo estaba llorando, como nunca, como ni siquiera recuerdo haber llorado de niño... Lloré durante cinco, seis horas sin parar. Arrodillado, tirado en el suelo... Y escuché que la gente lloraba por mí. Y sentí sus manos que me tocaban... Podía sentir la calidez de sus manos sobre mí".

Entre una misión y otra, Hayward programó que nuestro equipo pasara toda una mañana en el campo de tiro, para cumplir con los requisitos de nuestra certificación en el manejo de armas de fuego. Tras completar el circuito con Manuel y Beto, le pregunté a Hayward si podía hablar con él a solas. Caminamos hacia el estacionamiento y nos detuvimos junto a su patrulla. Bajé la mirada y él se cruzó de brazos. ¿Qué onda?, me dijo. Me concedieron una beca de investigación para estudiar en el extranjero, le dije. Voy a aceptarla. Es una buena oportunidad para mí. Carajo, exclamó Hayward. Felicidades. Es excelente. Pateé la grava del suelo con la punta de mi pie. Necesito un descanso, le confesé. Alcé la mirada y me cubrí los ojos con la mano para protegerlos del sol. Tiene rato que quiero volver a la escuela, le dije. Estoy pensando en estudiar una maestría. Hayward miró a la lejanía con ojos entornados, en dirección a las montañas. Odio tener que perderte, dijo.

Mientras caminábamos de regreso al polígono, le dije lo mucho que había disfrutado estar bajo sus órdenes, lo mucho que me gustaba estar en el equipo y lo mucho que había aprendido de todos. Nos detuvimos en la orilla del estacionamiento mientras Hayward meditaba. ¿Sabes?, me dijo, podríamos ofrecerte una licencia temporal. Podrías irte al extranjero y luego volver y tomar clases por aparte. Incluso hay un programa de apoyo para los agentes que quieren obtener su título; podríamos ver la manera de que te quedaras, si tú quieres. Me quedé callado un instante, apretando los dientes. No puedo, quería decirle, éste no es un trabajo para mí.

"Lo que los mexicanos de inicios del siglo xxi hemos sido obligados a ver", escribe la poeta y ensayista Cristina Rivera Garza, "es, sin duda, uno de los espectáculos más escalofriantes del horrorismo contemporáneo". En su libro *Dolerse,* Rivera Garza intenta construir y deconstruir la omnipresencia del dolor en la sociedad mexicana contemporánea. "El dolor es un fenómeno complejo que, por principio de cuentas, cuestiona nuestras nociones más básicas de lo que constituye la realidad", escribe. "El dolor no sólo destroza sino que también produce realidad". Los "lenguajes sociales" del dolor son, de hecho, "lenguajes políticos" también, "lenguajes en que los cuerpos descifran sus relaciones de poder con otros cuerpos". De este modo, tanto en la esfera política como en la social, "el lenguaje del dolor se convierte en un productor de significados y legitimidad".

El dolor, naturalmente, está estrechamente vinculado con el miedo. "El miedo aísla", escribe Rivera Garza. "El miedo nos enseña a desconfiar. El miedo nos vuelve locos". Si seguimos las líneas de su argumentación, hallamos que el dolor posee el poder de destruir y construir su propia realidad, una realidad que a su vez es legitimizada y ulteriormente significada por las políticas y las normas que dan forma a nuestra sociedad. Esta realidad es, bastante a menudo, una realidad de miedo, una realidad que nos vuelve —individual y colectivamente— locos, que nos aísla, nos llena de desconfianza hacia los demás seres humanos, la gente con la que compartimos nuestros vecindarios, nuestras ciudades, nuestros países, nuestras fronteras, nuestra estrecha e inextricablemente interconectada comunidad global: la gente con la que compartimos nuestras propias vidas.

En su ensayo "La guerra y la imaginación", Rivera Garza analiza el trabajo del escritor y crítico italiano Alessandro Baricco, quien alega que la guerra, escribe la autora, "ha existido siempre… está en los huesos de las civilizaciones más diversas: la adrenalina de la guerra, la excitación de la guerra, el canto hipnótico de la guerra. Sólo cuando, como sociedades, podamos inventar algo más excitante, más riesgoso, más aventurero, más revolucionario, podremos decir que, en verdad, estamos contra la guerra". Y llama a esto "una forma de pacifismo radical".

Partiendo de Baricco, Rivera Garza declara: "si queremos ir más allá de una guerra basada en el miedo cuyo fin es producir más miedo, más nos vale imaginar algo más excitante, más rabioso; algo más lleno de adrenalina". Después de todo, "el que imagina siempre podrá imaginar que esto, cualquier cosa que esto sea, puede ser distinto… El que imagina sabe, y lo sabe desde dentro, que nada es natural. Nada es inevitable".

Sueño que estoy trabajando en el desierto, que le he ordenado a un vehículo que se detenga a orillas de la autopista vacía. Mientras me aproximo al vehículo, un hombre y un chico descienden del auto y comienzan a caminar hacia mí. Veo que el hombre lleva una pistola y le grito que la suelte. El hombre sigue avanzando en mi dirección, así que desenfundo mi arma corta, desesperado por mantener cierto grado de control. Le apunto al centro del cuerpo y le grito que la suelte. El hombre, con el arma en la mano, se vuelve para mirar al muchacho. Y entonces, antes de que pueda girar de vuelta hacia mí, le disparo en el pecho. El arma se le cae y se desliza por el suelo y yo le disparo de nuevo, un balazo tras otro, cinco seguidos. Cuando aparto la mirada del cuerpo del hombre veo que el chico ha recogido el arma y que me apunta con ella agazapado detrás del auto. Me dispara y falla. Me vuelvo hacia él y le apunto sosteniendo el arma con ambas manos. Le disparo dos veces al chico, una en la cabeza y otra en el hombro. Contemplo la escena que tengo delante y se apodera de mí un intenso pánico. Una oscuridad aplastante lo envuelve todo y yo arrojo mi pistola al suelo, aterrorizado por la idea de haberme quedado para siempre atrapado en un catastrófico intercambio de violencia. Me digo que debo hablarle a Hayward, que debo hablarle a mi madre, y entonces me doy la vuelta y busco al hombre con la mirada. Me acerco para asegurarme de que su cuerpo sigue allí, que en efecto está muerto. Y mientras me paro junto a él y toco su brazo con la punta de mi bota, alcanzo a oír el resuello del chico, luchando por respirar del otro lado del coche. Me acerco a él y me detengo junto a su cuerpo, tratando de entender cómo es posible que aún siga vivo. Estoy vivo, jadea el chico, mirándome a los ojos. Por favor, mátame, me dice, por favor, termina con esto. Yo me quedo ahí parado y miro al chico en silencio y finalmente me doy la vuelta y me marcho caminando.

Al despertar, me siento en la cama y lloro. Me gustaría hacer la señal de la cruz, ofrecer mi mano, decir: "Hermano Lobo, yo haré las paces entre nosotros, oh, Hermano Lobo".

III

"Vivimos hoy", escribió Carl Jung al final de su vida, "en una época que nos sugiere visiones apocalípticas de destrucción a escala mundial". Jung hacía referencia a lo ocurrido tras el final de la Segunda Guerra Mundial, el conflicto que definió a su época. Según él, la Guerra Fría reflejaba el estado psíquico de la humanidad moderna, y la Cortina de Hierro era su principal símbolo. "La línea de demarcación defendida por alambradas de púas", escribió, "atraviesa el alma del hombre moderno, viva de éste o del otro lado". Incluso "el individuo normal ve... su sombra en el prójimo o en los hombres allende al gran foso". Jung llegó al extremo de afirmar que se ha convertido "en un deber político y social" percibir al otro como "el mismísimo diablo, con el objeto de que la mirada quede otra vez fascinada por algo exterior y, así, distraída de la interioridad del individuo".

Desde su punto de vista, "el Estado de Masas" —concepto que él emplea para definir al gobierno y a sus estructuras— "no responde en absoluto al fin de promover la mutua comprensión y los tratos entre los hombres; al contrario, su objetivo es la atomización, esto es, la soledad interior del individuo". Jung sostiene que cuando percibimos "al otro" como alguien que debe ser temido y rechazado, ponemos en riesgo la cohesión interna de nuestra sociedad y permitimos que la desconfianza progresiva mine nuestras relaciones interpersonales. Al erigir un muro entre nosotros y quien percibimos como "el otro", favorecemos "una propensión, existente ya en el hombre primitivo, a evitar el mal, a no admitirlo y, de ser posible, expulsarlo a través de alguna frontera, a manera del chivo emisario del Antiguo Testamento que ha de llevar el mal al desierto".

Nos esforzamos en apartar de nosotros estas sombras individuales y colectivas con la esperanza de poder hundirnos "rápida y caritativamente en el mar del olvido" y así recuperar una sensación de normalidad, por vaga y distorsionada que esta sea. Pero en realidad, nos advierte Jung, "nada pertenece definitivamente al pasado y nada se restablece. La maldad, la culpa, la profunda turbación de la conciencia y los oscuros temores están ahí ante nuestros ojos, si tan sólo pudiéramos verlos". Jung nos insta, en cambio, a reconocer que nuestra naturaleza es idéntica a la del otro, a declarar: "soy culpable como el resto", y entender que "nadie está fuera de la tenebrosa sombra colectiva de la humanidad", y aceptar, en última instancia, que el mal "está alojado en la naturaleza humana... como contrario del bien e igual suyo".

En su labor como psicólogo, Jung se opuso a la división de la psique, a la disociación entre el bien y el mal, a la bifurcación entre las partes conscientes e inconscientes. El objetivo de la terapia psicoanalítica, según él, no era dar vida a una suerte de armonía, sino iniciar el proceso que él nombraba "individuación": la apertura a un diálogo entre nuestra plena consciencia y las angustias a menudo reprimidas de nuestra mente inconsciente. Jung veía en la individuación una vía hacia la integridad reflexiva de dos opuestos aparentemente irreconciliables; una manera de retener la oscuridad dentro de la psique, una forma de aprender a vivir con el caos y el desorden de nuestras vidas.

Para Jung, la comprensión de los sueños era parte esencial de este proceso. "Los sueños son las palabras guía del alma", escribió. "Los sueños preparan la vida y te determinan sin que tú entiendas su lenguaje". Si los eventos de nuestra vida diaria son filtrados y dotados de una capa adicional de sentido mediante los sueños, entonces el inconsciente posee las claves esenciales para llegar a una reconciliación con nuestros miedos e inquietudes ocultas. "El sueño describe la situación interna del soñante", escribió, "cuya verdad o realidad no conoce la consciencia o sólo la reconoce a disgusto". Para lograr un verdadero ajuste de cuentas con nuestra situación interior, "hay que exponerse a los impulsos animales del inconsciente sin identificarnos con ellos ni 'huir de los mismos'".

Para ilustrar este punto, Jung ofrecía el siguiente ejemplo: "Cuando sueñas con un toro salvaje, o con un león, o un lobo… significa que quiere venir a ti. Quisieras escindirlo de ti, pues lo experimentas como algo ajeno, pero sólo consigues volverlo más peligroso. El deseo de lo escindido de unirse a ti se tornará aún más fuerte. La mejor postura sería decir: "Por favor, ven y devórame".

Todas las mañanas llegaba al café a las seis treinta, media hora antes que los primeros clientes. Molía los granos medidos con antelación, encendía la percoladora y llenaba tres dispensadores isotérmicos con café. Pulsaba los botones del molinillo dosificador para el café expreso, pesaba y cronometraba cada porción hasta lograr el balance adecuado, la relación correcta entre partes de café y de líquido. Abría el depósito de agua. Exhibía bolsas de café en grano, tostado artesanalmente, que acomodaba en pulcras hileras. Preparaba la estación de café filtrado, con sus básculas, sus jarras de cristal y sus goteadores V60 de cerámica fabricados en Japón. Le quitaba el cerrojo al refrigerador del mostrador, repleto de sodas italianas y botellas verdes de agua mineral. Disponía los jarabes de chocolate, vainilla y caramelo, llenaba una jarra térmica con crema orgánica y reabastecía la estación de autoservicio con fajillas de cartón, removedores, popotes, tapas, servilletas y sobres de azúcar no refinada. Atravesaba el patio para sacar hielo de la cocina industrial. Luego desplegaba el anuncio de madera frente a la tienda, retiraba el letrero de CERRADO del mostrador, abría la caja registradora y colocaba mi tarro de propinas.

El café era uno de varios establecimientos minoristas que compartían la misma plaza, un pequeño complejo comercial situado en torno a un patio al aire libre que imitaba el estilo de un antiguo mercado español. A las seis y media de la mañana, mientras yo iba

162

de un lado a otro realizando mis labores, me topaba con algunos trabajadores de la plaza: los chefs reposteros de la pastelería mexicana, los ayudantes de la taquería y el conserje que se encargaba de las labores de mantenimiento de las instalaciones del mercado, un fuerte y esmerado sujeto originario de Oaxaca llamado José, que solía usar una gorra de béisbol negra y una camiseta gris cuya tela se tensaba a la altura de sus anchos hombros, y que siempre llevaba bien fajada dentro de sus jeans negros. José limpiaba el patio con una manguera o con una escoba de mango muy largo. Periódicamente despejaba las aceras contiguas con un soplador de hojas, empujando los desechos en pequeñas olas hacia las alcantarillas, de donde posteriormente serían arrastrados por las lluvias monzónicas o los ardientes vientos veraniegos. Acomodaba el mobiliario de la plaza, abría las puertas con el llavero que siempre colgaba de su cintura, presionaba los códigos que desactivaban el sistema de seguridad y abría las puertas de la plaza para dejar entrar a los primeros clientes del día.

José y yo a menudo charlábamos en lados opuestos del mostrador del café durante las primeras horas del día, antes de la hora pico de la mañana. Hablábamos en español e intercambiábamos cordialidades. Él me preguntaba por mis estudios de maestría, mis planes de viaje y mi suerte con las chicas. Me preguntaba por mi familia y yo le preguntaba por la suya. Me preguntaba por mi madre, por la salud de su corazón, y me pedía que le mandara saludos de su parte cada vez que yo salía de la ciudad para ir a visitarla. Por mi parte, yo le preguntaba por su esposa y sus tres hijos. Se le veía lleno de orgullo, con un brazo apoyado en el mostrador, el día que su hijo mayor empezó a estudiar la preparatoria, y sonreía radiante el día en que su hijo menor ganó su primer torneo de futbol, y se recargaba con tremendo pesar sobre su escoba el día en que a su hijo de en medio lo atropelló un coche. Ya está mejorando, decía, aún meses después del accidente, gracias a Dios.

José sabía que yo había pasado varios años en la Patrulla Fronteriza, pero muy rara vez inquiría sobre el trabajo, como si no hubiera nada qué preguntar. De igual forma, yo evitaba hacerle determinadas preguntas sobre su arribo al país y su situación migratoria. Durante mis interacciones cotidianas con los migrantes —los clientes del café, los trabajadores con los que me topaba por toda la ciudad, los jornaleros que acudían al parque por las tardes a jugar la cáscara con mis amigos y conmigo—, a menudo alcanzaba a reconocer en ellos las huellas sutiles que el cruce de la frontera les dejaba: una consciencia de las dimensiones físicas y abstractas de ésta, una persistente impresión de su peso. Yo intuía en José esta misma conciencia, pero no encontraba la manera de traer a colación algo tan impreciso, así que lo comunicábamos con asentimientos y silencios, con miradas y gestos, con algo que muy pronto se convirtió en amistad.

Un día, mientras me encontraba contando el dinero de las propinas al final de mi turno, José tomó una silla y la acercó a la barra y se sentó a beber una botella de agua mineral. Podía sentir sus ojos clavados en mí, mientras yo cambiaba una pila de billetes de un dólar por uno de veinte. Alcé la cabeza y lo miré, y él me hizo una seña para que me aproximara. Oye, me dijo en voz baja, cuando estabas en la migra seguro ganabas un montón de lana, ¿qué no? Seguro, le respondí. José miró a su alrededor para asegurarse de que nadie podía escucharnos, y se acercó aún más. Mucho más de lo que ganas aquí, ¿qué no? Solté una carcajada. Claro que sí. José se recostó contra el respaldo de su silla, confundido. Entonces, ¿por qué lo dejaste? Me encogí de hombros; en cierta forma estaba sorprendido de que finalmente me lo hubiera preguntado. Al final, le contesté, resultó que no era un trabajo para mí. Evité su mirada mientras pensaba qué más podía añadir. Finalmente lo miré a los ojos y le dije: Quería regresar a la escuela, estudiar creación literaria, obtener un título de maestría. José me dedicó una sonrisa burlona.

Un estudiante no gana mucho dinero, me dijo. Yo me reí y señalé la pequeña pila de propinas sobre el mostrador. Me miró con incredulidad. Eso podrías ganarlo en cualquier lado. Pero me gusta este ritmo, le respondí, y la gente es muy amable. Señalé la máquina de café expreso. Y el café también es muy bueno. José rio. Claro, respondió, todo el mundo necesita café.

José siguió observándome con curiosidad. ¿Por qué querías estudiar para escritor?, me preguntó. ¿Por qué no mejor estudiaste administración, medicina o política? Así podrías ganar más dinero. Yo volví a encogerme de hombros. La escritura me parecía una buena manera de darle sentido a lo que había visto. José volvió a recostarse contra el respaldo. Ah, ahora te entiendo, me dijo. Yo podría escribir muchos libros, añadió, después de una pausa. He visto muchas cosas.

José y yo a menudo hablábamos de la guerra contra el narcotráfico y del caos que asolaba a México: los cuarenta y tres estudiantes desaparecidos de Ayotzinapa, los incesantes tiroteos a lo largo de la frontera, la persistente corrupción de las autoridades policíacas y gubernamentales. Un día me contó un chiste. Había un gran concurso, una cacería de venados, comenzó, con cazadores de los Estados Unidos, de Rusia y de México. El primer día, los americanos llegaron triunfantes ante los jueces, pero los cuerpos de los animales que les enseñaron estaban tan destrozados por sus armas de alto calibre que los jueces no pudieron reconocer a qué especie pertenecían y los descalificaron. El segundo día los rusos trajeron el cuerpo de un enorme venado macho, pero cuando los jueces descubrieron que el animal había sido envenenado y no cazado correctamente, los descalificaron también. El tercero y el cuarto día pasaron sin que los mexicanos aparecieran. Al quinto día los jueces decidieron salir a buscarlos. Después de buscarlos por horas, finalmente los encontraron en un claro del bosque, todos rodeando a un conejo. Uno de los mexicanos torturaba al conejo sin piedad mientras que otro, parado junto a él, le gritaba: Confiesa que eres un venado, hijo de la chingada.

El día que el ejército mexicano capturó al Chapo Guzmán en 2014, José me preguntó si yo realmente creía que se trataba de él. No lo sé, le respondí, ¿tú lo crees? No estoy muy seguro, dijo. El Chapo tiene varios dobles, ¿sabías? Se quedó callado un instante. O tal vez el gobierno hizo arreglos para arrestar a alguien muy parecido a él. Varios días más tarde, José me mostró unas fotografías que aparecieron en internet: imágenes ampliadas del rostro del narcotraficante junto a fotografías de su detención previa, ocurrida en 1993. Se ve diferente, dijo José, ¿no lo crees? Examiné las imágenes. Puede ser, concedí. José puso su teléfono sobre el mostrador y se quedó mirando una de las fotos. En realidad ni siquiera parece un narcotraficante, dijo. No se ve tan malo. Le serví una taza de café y me recargué sobre el mostrador. Nunca se sabe, le dije. La gente violenta se ve como cualquiera.

José alzó la mirada. Cuando trabajabas en la frontera, me dijo, ¿alguna vez encontraste drogas? Claro, le respondí. Más de las que te imaginas. Asintió despacio, con la mirada fija. ¿Alguna vez arrestaste a un narco? Seguro, le dije. Pero no como El Chapo. José me escuchaba atentamente. Casi siempre arrestábamos a la gente de abajo: traficantes, vigilante, mulas, coyotes. Una expresión de complicidad apareció en su rostro. Su mirada se encontró con la mía hasta que yo aparté los ojos. Pero la mayor parte de las veces arrestaba migrantes, le confesé. Gente que buscaba una vida mejor.

Alrededor de las nueve o las diez de la mañana, todos los días sin falta, José llegaba con su desayuno a la barra del café y se sentaba ante el mostrador para comer. Cada mañana comía lo mismo, un burrito vegetariano que compraba en la taquería de al lado, y cada mañana también se ofrecía a compartirlo conmigo. ¿Vas a querer burro?, me preguntaba, y la mayor parte de las veces yo aceptaba. Agarra un cuchillo, me decía; córtalo a la mitad, toma lo que quieras. A cambio del burrito, yo le preparaba un café, siempre en vaso desechable, con un chorrito de vainilla y un toque de crema y leche. A menudo José hacía comentarios sobre la calidad del burrito: hoy está muy bueno, los frijoles están fríos, tiene demasiada sal, seguro cambiaron de cocinero. También comentaba sobre la salsa: hoy está aguada, casi no pica. A veces incluso llegaba a verme antes de ordenar su burrito: podría pedirlo con frijoles negros en vez de frijoles pintos, pedir que le pongan aguacate, ¿qué te parece?

Algunos días, José se ofrecía a compartir su postre conmigo, donas o panqué de la panadería de al lado. Una mañana llegó al café con un desayuno que su esposa le había preparado, comida típica de Oaxaca. Me dijo que comiera tanto como yo quisiera. Yo como así todo el tiempo, presumió, con una sonrisa. Y mientras yo saboreaba la comida directo de su Tupper, le conté que una vez había arrestado a dos hombres de Oaxaca. Los ojos de José se abrieron como platos. ¿Oh, sí?, me preguntó. Eran buena gente, le respondí, gente humilde. José sonrió. Así somos en Oaxaca. Me compartieron de la comida que llevaban, igual que ahorita, le dije. Le describí el tasajo, los chapulines, los charales. José estaba exultante, los ojos le brillaban con avidez. Carne seca, respitió, chapulines, charales. Pero lo mejor de todo, continué, fue el mezcal que me regalaron, fabricado por el padre de estos muchachos, ahí mero en su pueblo. José se recostó contra el respaldo de su silla y abrió la boca. Ahhh, dijo, el mezcal es muy bueno.

Luego apoyó los codos en el mostrador, sacudió la cabeza y se quedó mirando fijamente las vetas de la madera. Yo antes tomaba mucho mezcal. Mi primo, él mismo lo fabrica. Cultiva el maguey a las afueras de nuestro pueblo. Solíamos beberlo directo del alambique. Volvió la cabeza hacia la ventana y contempló el patio. Fui alcohólico, admitió sin aspavientos. Se enderezó en la silla. Pero ya no, me dijo. Llevo quince años sobrio, desde que nació mi primer hijo.

Día tras día, mes tras mes, las mañanas en el café eran idénticas. José completaba sus tareas cotidianas y venía y se sentaba en la barra y me convidaba de su comida. Por espacio de dos años, no pasó un solo día sin que José viniera, ni un solo día sin que se sentara y se ofreciera a compartir la mesa conmigo.

Una mañana le pregunté a José sobre su hogar en Oaxaca. Me contó que su pueblo era pequeño y que se hallaba enclavado en la selva montañosa al sur de la capital. Es muy tranquilo allá, me dijo, hasta el momento la violencia no ha llegado. De donde vengo, la gente es humilde y trabajadora. No hay mucho dinero, admitió, pero en mi pueblo la gente aún no cae en lo de las drogas o los asesinatos.

Más tarde aquella misma mañana, durante un momento de calma en el negocio, José vino al mostrador con su celular. Abrió la aplicación Google Earth y tocó la pantalla con sus dedos para agrandar el estado de Oaxaca y ampliar las colinas verdes que rodeaban su pueblo. Sonrió con nostalgia ante la imagen satelital, y apuntó con su dedo los ordenados campos de cultivo ubicados en los límites del poblado. Aquí es donde mi primo fabrica su mezcal, me dijo, con los ojos iluminados. En la modalidad de Street View, me señaló edificios pintados en colores vivos y carreteras agrietadas. Ésta es la iglesia, me dijo, con una voz remota, cascada, y ésta es la plaza principal. Varias veces tuve que interrumpir nuestra conversación para llenar tazas de café, o tomarle la orden a un cliente, pero cada vez que lo hacía José se quedaba sentado ante el mostrador, completamente absorto en su teléfono. Mira, me llamó, ésta es la casa de mi madre. Me acerqué a mirar y él tocó la pantalla con su dedo. La distingues por los arcos. Se apoyó en el respaldo de la silla, sonriente.

La primera vez que mi madre me llevó a México yo era apenas un niño, incapaz aún de comprender y de conservar recuerdos. Me llevó por tren al estado de Chihuahua, hasta un lugar llamado Casas Grandes, para visitar las antiguas ruinas de Paquimé, un antiguo asentamiento de la cultura Mogollón. Quise visitar México con mi hijito, me contaría mi madre más adelante, porque quería que él creciera conociendo la frontera, que fuera capaz de verla como un lugar de energía, un lugar de descubrimientos.

Mi madre acababa de separarse de mi padre y buscaba demostrarse a sí misma que no necesitaba de la protección de nadie, que podía viajar siendo soltera, confiando en la gente e inculcándole esa confianza a su hijo. Cuando llegamos al pueblo contiguo a las ruinas, mi madre me condujo al mercado que se encontraba a un lado de la estación y le preguntó a un hombre que trabajaba allí si conocía un lugar donde pudiéramos quedarnos. Mi madre recuerda que aquel hombre le sonrió sin el menor rastro de amenaza y que, por primera vez en su vida, se refirió a ella como señora en vez de señorita. En un papel le escribió el nombre y la dirección de una mujer que tenía una casa de huéspedes ahí cerca. No recibe a muchas personas, le dijo el hombre, pero seguro recibirá a una madre con su hijo.

Aquella misma tarde, después de dejar nuestro equipaje en la casa de huéspedes, mi madre recuerda haberme llevado a una placita. Recuerda que allí había mujeres y niños, y que las mujeres la saludaron efusivamente, y que una incluso la abrazó para luego agacharse a hablar conmigo en español. La mujer me presentó a su hijo y ambos corrimos a jugar en los escalones de un quiosco mientras mi madre se sumaba al grupo. Mi madre cuenta que nunca antes se había sentido tan aceptada por un grupo de mujeres. Describe aquel momento como trascendental. No importaba que su español fuera deficiente, que viniera de otro país como turista. No importaba, dice ella, porque todas éramos madres.

Al día siguiente, el hombre del mercado nos llevó en auto a visitar las ruinas de Paquimé. Cuando llegamos, mi madre se enteró de que el parque estaba cerrado al público debido a trabajos arqueológicos. Pero los hombres que trabajaban en el sitio, al ver que era madre, al ver que había viajado desde tan lejos con un niño pequeño, nos invitaron a recorrer las ruinas. Y mientras caminábamos yo quedé fascinado por los hombres que ahí trabajaban, y no pasó mucho tiempo antes de que me pusiera a jugar un improvisado juego de indios y vaqueros. Me escondía detrás de una roca muy cerca de los hombres y de pronto saltaba con los brazos extendidos, apuntándoles con mis dedos y gritando pum. Mi madre recuerda que un hombre dejó lo que estaba haciendo y se llevó las manos al pecho y se dejó caer de espaldas, fingiendo que estaba muerto. Recuerda que yo me reí encantado. Recuerda que otro hombre tiró sus herramientas y corrió a esconderse detrás de una antigua pared de adobe, de la que luego surgió apuntándome con sus dedos. Pum, dijo, y yo salté a causa de la sorpresa.

Mi madre todavía recuerda cómo corrí aquella tarde por las ruinas laberínticas, persiguiendo y ocultándome de los trabajadores. Recuerda que llegó a perderme de vista pero que permaneció en calma, confiando en mí y en el lugar, confiando en la gente que nos rodeaba.

Un abrasador día de verano me di cuenta de que José no había venido a trabajar. Más tarde, aquella misma mañana, la dueña del mercado, una mujer llamada Diane, llegó a tomar su acostumbrado *latte*. Le pregunté si sabía algo de José. Me llamó anoche, dijo ella. Su madre se está muriendo, pobre. Tomará dos semanas de permiso para ir a Oaxaca a verla antes de que fallezca. Diane le dio un sorbo a su *latte* y miró el patio a través de la puerta abierta. Sé lo que se siente, me dijo. Yo estuve con mi madre la noche en que falleció. Murió mientras dormía, Dios la bendiga. Diane alzó los ojos al techo. ¿Sabes?, me dijo, fue algo muy triste, pero realmente era muy importante para mí

170

estar ahí con ella. Se volvió para mirarme y yo, detrás del mostrador, me quedé pensando qué podía decirle. Diane meneó la cabeza. Lo lamento, dijo, pero es que me siento muy mal por José, es un hombre tan dulce. Le dio otro sorbo a su *latte*. Y te diré algo: es el mejor empleado que he tenido. Levantó un dedo. En los tres años que lleva trabajando conmigo, ésta es la primera vez que falta.

Un par de semanas más tarde, mientras Diane se encontraba en el café bebiéndose otro *latte*, le pregunté si tenía noticias de José. Echó un vistazo a los clientes que se encontraban sentados a su lado y me dijo: Sigue en Oaxaca cuidando a su madre. Oh, respondí. Más tarde aquel mismo día, mientras me encontraba reabasteciendo el armario de los suministros, Diane me llamó desde la puerta abierta y me pidió que saliera.

Caminamos hacia el estacionamiento de terracería y me paré junto a ella bajo el flagrante sol veraniego. No quise decírtelo enfrente de tus clientes, comenzó a decir Diane, pero creo que José está teniendo problemas para regresar al país. ¿Qué clase de problemas?, le pregunté. Ella se quedó mirando a lo lejos. Creo que no tiene papeles, me dijo. Nunca le preguntamos. Meneé la cabeza y bajé la mirada. Ojalá hubiera podido hablar con él antes de que se fuera. No hay nada que hubieras podido hacer, me dijo. Créeme, nada lo habría detenido. Alcé la vista y la miré. Es que él no sabe, le dije, que cruzar de regreso ya no es tan fácil como solía serlo. Me volví y miré los autos estacionados, con los ojos entornados a causa del sol.

¿Hay alguna manera de contactarlo?, le pregunté. Puedo darte el número de su familia, me dijo Diane. Lo último que supe es que estaba en la frontera, tratando de cruzar. Oh, no, exclamé. No puede cruzar ahora. No durante el verano. Diane se me quedó viendo. Tengo que hablar con él, le dije. Cerré los ojos y vi imágenes de rocas volcánicas y cuerpos hinchados, sábanas de hospital y piel ennegrecida. No, susurré, no José.

Cuando llamé a la casa, un niño me respondió. Me presenté como un amigo de José. ¿Eres su hijo?, le pregunté. El niño no dijo nada. Trabajo con tu papá, agregué. Oí que está en la frontera, tratando de cruzar. ¿Se encuentra bien? Después de un largo silencio, el niño finalmente habló: ¿Quiere que mi mamá le devuelva la llamada?, preguntó. Claro, le dije, y entonces colgó.

Media hora más tarde sonó mi teléfono. Soy Lupe, la esposa de José, dijo en español la mujer al otro lado de la línea. Nuevamente me presenté como un amigo del trabajo y le conté que quería saber de José. Lupe se quedó callada, como pensando qué o qué tanto podría decirme a continuación. Yo quería soltarle de golpe que hacía demasiado calor, que no valía la pena que arriesgara su vida, que debía esperar para cruzar. Es curioso que llames ahora, me dijo finalmente, porque acabo de recibir una llamada del consulado mexicano. Llamaron para decirme que la Patrulla Fronteriza arrestó a José hace dos días. Tiene audiencia en el juzgado hoy en la tarde, a las dos. No me dijeron dónde. La voz de Lupe se tornó débil, como si le costara un enorme trabajo repetir lo que le habían dicho. ¿Hoy a las dos?, le pregunté. Sí, confirmó ella. Seguí caminando en círculos dentro de mi casa, con la cabeza llena de viejos plazos y procedimientos. Creo que sé dónde estará, le dije. ¿Te puedo devolver la llamada?

Hacía meses que no veía ni hablaba con Morales, pero de todas formas le llamé. Hey, bato, ¿todavía trabajas en el juzgado?, le pregunté. Simón, respondió él, pero hoy no. ¿Por qué? A un amigo mío lo están "agilizando"*, le dije. Mierda, exclamó González, nomás te

*El autor se refiere a la aplicación de la Operación *Streamline,* impulsada en varios estados fronterizos a partir del año 2005 por el Departamento de Estado y el Departamento de Seguridad Interior de los Estados Unidos, una estrategia de "cero tolerancia" mediante la cual se procesa penalmente a los migrantes indocumentados que arriban a este país en juicios masivos y expeditos.

sales unos años de la Patrulla ¿y ahora resulta que todos tus amigos son mojados? Traté de pensar en una buena réplica. Estoy bromeando, me dijo González, antes de que pudiera responderle algo. Sé cómo es esto. Claro que sabes, repliqué. ¿O qué, crees que se me olvidó que eres de Douglas? Chingados, hasta tú mismo podrías ser mojado y ni siquiera saberlo. Más te vale que te pongas el uniforme cuando vayas al juzgado, güey, porque podrían deportarte a la chingada. ¡Uy, cabrón!, se rió Morales, ¡sacaste la artillería pesada!

Le pregunté a Morales si las actuaciones de la Operación *Streamline* seguían siendo abiertas al público. Sí, respondió él, los hippies y los manifestantes vienen todo el tiempo. ¿Qué nunca tuviste que venir a la corte? No, le dije. Bueno, ¿sabes dónde está el juzgado, en el centro? Subes al segundo piso, en la sala principal, hay que llegar a la una y media. Miré mi reloj. ¿Podré verlo?, le pregunté. Claro, respondió Morales, si es que logras distinguirlo. Probablemente habrá unos treinta o cuarenta batos, y todos estarán dándote la espalda, pendejo. ¿Puede venir su familia?, le pregunté. Claro, dijo él. Pero no sé si tienen papeles, repuse. No debería ser un problema, me aseguró Morales, nadie se meterá con ellos. ¿Podrán hablar con él?, le pregunté. No, dijo Morales, tajante. Pero si se sientan en el lado derecho de la sala, en las dos primeras bancas junto a la pared, podrán captar su atención cuando los alguaciles lo escolten a la salida.

Lupe y yo nos conocimos afuera del juzgado. Llegó acompañada del pastor de su iglesia y de sus tres hijos, de quince, diez, y ocho años de edad. Todos habían faltado a la escuela, con la esperanza de poder ver a su padre en el juzgado. Sostuve la puerta de la sala para que la familia entrara y señalé en dirección a las bancas del lado derecho. En la primera fila, les susurré. Las actuaciones dieron inicio justo cuando ingresábamos a la sala, e inmediatamente pude reconocer el olor, un olor al que hacía años no me enfrentaba: el penetrante aroma que despedían docenas de cuerpos sucios que durante días enteros batallaron para cruzar el desierto, con la piel sudorosa y rostizada por el sol. La sala del juzgado asemejaba una catedral, con sus techos imponentes de vigas pintadas de color turquesa y coral. Desde el estrado, el juez presidía la sala: era un rostro blanco y diminuto que destacaba por entre los pliegues de una túnica negra, sentado bajo el inmenso escudo de los Estados Unidos de América, un águila gigante con la cabeza vuelta como queriendo apartar la vista para mirar a otro lado.

Me senté junto a Lupe, quien abrazaba a su hijo más pequeño, sentado a su vez junto al mayor. Detrás de nosotros se acomodaron el pastor y el hijo de en medio. El juez se dirigió a los cuarenta y tantos acusados que comparecían ante él, varones en su mayoría, todos portando los audífonos negros en donde escuchaban las palabras de un intérprete. Todos ustedes han sido acusados de dos delitos, comenzó el juez. Tengo entendido que cada uno de ustedes pretende declararse culpable de la infracción menor consistente en haber ingresado ilegalmente a través de un lugar distinto a los designados por la Oficina de Inmigración de los Estados Unidos. A cambio de esta declaración de culpabilidad, el gobierno acuerda desestimar en su contra el delito grave de haber reingresado al país después de haber sido expulsados. Algunos de los hombres se inclinaban hacia el frente y apretaban con fuerza los audífonos contra sus orejas. Es muy importante que entiendan esto, continuó el juez. Si han entendido, por favor, indíquenlo poniéndose de pie. Hizo una pausa. Todos los hombres se pusieron de pie; algunos se levantaron de sus sillas con las espaldas bien erguidas y las frentes en alto, como desafiantes, mientras que otros parecían apenas tener fuerza para levantarse de sus asientos, los cuerpos fatigados y los rostros abatidos.

La pena máxima por este delito es de seis meses de prisión y cinco mil dólares de multa, continuó el juez, pero el gobierno está dispuesto a condonar esta multa a cambio de su declaración de culpabilidad. Me di cuenta de que había llamado la atención de un agente de la Patrulla Fronteriza, que me miraba con mala espina, como si de alguna forma yo tuviera algo en contra de él. Observé su uniforme verde, la placa que llevaba en el pecho, el arma prendida a la fornitura, los pliegues bien marcados de su camisa planchada. Han de comprender, continuó el juez, que en un futuro este cargo podrá ser siempre usado en su contra, y que de llegar a ser arrestados al tratar de reingresar nuevamente al país, podrían enfrentar una pena de prisión de varios años, no de días ni de meses.

Me incliné hacia Lupe. ¿Ves a José?, le pregunté. No lo sé, respondió, no alcanzo a verles las caras. A su lado, el niño más pequeño pateaba nervioso la banca de enfrente. Lupe posó su mano sobre el muslo de su hijo. Tranquilo, susurró, los labios presionados contra los cabellos del niño. Al frente de la sala, los acusados comenzaron a levantarse de sus sillas de cinco en cinco. Llevaban los tobillos encadenados unos con otros, y las muñecas esposadas a la cintura. Se plantaron ante el juez, rodeados de sus abogados de oficio, hombres y mujeres aturdidos por el frenético ir y venir entre clientes, y que vestían trajes de colores pálidos. El juez comenzó con la persona que se encontraba a su izquierda. Señor Amaya, leyó, como siguiendo una especie de guion, ¿es usted ciudadano mexicano? Sí. En o alrededor del día 31 de agosto de 2015, ¿ingresó usted a los Estados Unidos cerca de Lukerville, Arizona? Sí. ¿Entró usted por un puerto de ingreso designado? No. ¿Cómo se declara del delito de ingreso ilegal? Culpable, señor.

Tras repetir la misma serie de preguntas a cada acusado, el juez dictaba su sentencia: para la mayoría, ésta equivalía a treinta días de encarcelamiento, con la debida deducción del tiempo ya cumplido, en el centro de detención estatal ubicado a una hora de camino, al norte de la ciudad. Una mujer, tras responder a las preguntas del juez, lo interrumpió antes de que éste dictara la sentencia. Estoy embarazada, señor, le dijo. El juez guardó silencio. Miró en torno suyo, como pidiendo consejo. Pondré una nota en su expediente, dijo, para que alguien del centro la vea.

Mientras observaba a los acusados arrastrar los pies a través de la sala en dirección al estrado, me di cuenta de que nunca antes había visto tantos hombres y mujeres con grilletes en las piernas; que jamás había posado mis ojos en un grupo de personas tan menoscabadas. Yo había arrestado y procesado para su deportación a incontables hombres y mujeres, a muchos de los cuales yo había enviado, sin pensarlo siquiera, a esta misma sala. Pero había algo terriblemente distinto en la apariencia de estas personas aquí, en este lugar de muros altísimos e imponentes, este sitio regentado por extranjeros vestidos de trajes coloridos y túnica negras, hombres que apenas tenían la más vaga idea de lo que era la noche oscura del desierto, o el intenso fulgor del sol; que no tenían ni el más mínimo conocimiento de las avasallantes extensiones de piedra y esquisto, los senderos de tierra repletos de huellas, los cuerpos desnudos a la intemperie, el temblor de huesos a causa del calor, del frío, de la falta de agua. Caí en la cuenta de que, durante mis incontables encuentros con los migrantes al final de su duro peregrinar por el desierto, siempre quedaba en ellos la cercanía del viaje malogrado, la chispa débil pero aún ardiente de la llama que había animado sus travesías. Pero aquí, en el viciado y turbulento ambiente del tribunal, era evidente que algo vital se había esfumado en los días que transcurrieron desde el arresto; que la esencia íntima del espíritu de estas personas se había sofocado o perdido durante la lenta asfixia del confinamiento.

El pastor se inclinó hacia delante y señaló a un hombre canoso que acababa de levantarse para dirigirse al frente de la sala. Es su papá, le susurró a los niños. Los chicos miraron al hombre y luego se miraron entre ellos, atónitos. Es él, repitió el pastor, señalándolo de nueva cuenta, es él. Los niños se inclinaron hacia delante para poder ver mejor. No, no está aquí, se dijeron el uno al otro, convencidos. No está. Sí, sí está, respondió el pastor, tajante, ése es su padre. Ustedes no lo reconocen porque siempre lleva el cabello rapado, y ahora lo tiene más largo y se ha dejado crecer la barba. Hasta pueden ver el sitio donde se está quedando calvo. Se ve diferente. Los niños se miraron entre ellos. Es él, dijo Lupe, finalmente. Es él. Los niños se quedaron inmóviles, estupefactos, boquiabiertos. A mi lado, Lupe se dobló lentamente y comenzó a mecerse despacio, con los codos apoyados en las piernas y las manos sobre las rodillas, acunándose ella sola entre sus propios brazos.

José se abrió paso con dificultad a través de la fila de sillas y el suave tintineo de sus grilletes pareció llenar la habitación. Cuando finalmente logré distinguir su perfil, lo que vi fue el rostro de un náufrago a la deriva en el océano, cuyos ojos escrutan el horizonte por mera costumbre, desprovistos ya de cualquier esperanza de avistar tierra firme. Llevaba puesta una camiseta con manchas de sudor que le nadaba, y su cuerpo parecía minúsculo, demacrado, como hundido en sí mismo, con la cabeza y el rostro maltrechos y salpicados de canas. Al volver la cabeza logró reconocer a sus tres hijos, que le miraban atónitos, abrazados los unos a los otros en torno a su madre, quien finalmente levantó la cabeza. José lanzó un grito ahogado y sus ojos se dilataron sin poder dar crédito. Apartó la vista un segundo y enseguida volvió a mirarlos, enfocando y desenfocando la mirada para confirmar su visión. Los niños prorrumpieron en sollozos mudos, y yo me pregunté si no había cometido un terrible error al traerlos aquí. José lanzó una última mirada en dirección a su familia, con la boca entreabierta, convulsa, y los ojos llenos de añoranza, y entonces, con gran desesperación, comenzó a sacudir su cabeza hacia delante, de un lado a otro, como queriendo despertar y librarse así de una pesadilla.

He estado pensando mucho en este caso, me dijo el abogado de oficio de José cuando nos reunimos una semana después de la audiencia, en un corredor desierto afuera de la sala del juzgado. De entre los cuarenta y tantos detenidos, que serían deportados sin excepción, José fue el único que obtuvo, por solicitud de su abogado defensor, un aplazamiento de su proceso y una cita para una audiencia de seguimiento. Walter, el abogado, le había aconsejado a Lupe que no viniera: era demasiado riesgoso presentarse en el juzgado sin papeles. Pero los niños sí podían venir, le dijo; eran ciudadanos estadounidenses, no había ningún problema. Así que Lupe sacó de nuevo a sus hijos de la escuela para que vieran a su padre con grilletes, y me preguntó si yo podría traerlos. Claro que sí, le respondí.

¿Sabes?, prosiguió Walter, me desperté en plena noche pensando en el señor Martínez. No es que su situación sea excepcional, porque no lo es. Lo excepcional fue ver tal cantidad de apoyo en una sala de tribunal, ver a su familia ahí presente entre el público. Walter guardó silencio un momento. Yo tengo un hijo, dijo el abogado, señalando al hijo mayor de José; son de la misma edad. Esta mañana, al despertarme, lo escuché en la cocina. Y eso me puso a pensar. No es correcto separar a un padre de su familia de esta manera; no es correcto que un hombre que es padre de un muchachito no pueda escucharlo en la habitación de al lado al despertar.

Mientras yo escuchaba a Walter, sentado sobre una banca de madera oscura, los hijos de José se perseguían por el corredor desierto, y yo pensé en lo inmensos que debían parecerles aquellos pasillos de suelos encerados en los que patinaban. Al observarlos me di cuenta de mi propio desconocimiento de aquel lugar. Pensé en los incontables documentos que había llenado durante mis años en la Patrulla Fronteriza: solicitudes de repatriación voluntaria, formas para la deportación expedita, restablecimientos de órdenes previas de deportación; documentos que pasaban por las manos de secretarios, abogados y jueces; documentos que seguían a los acusados en su travesía por el estado, de una celda de detención a otra. Y me di cuenta de algo: de que a pesar del pequeño rol que yo había desempeñado en el sistema, a pesar de todas las horas que había pasado entrenándome y estudiando en la academia, yo apenas tenía una idea vaguísima de lo que les sucedía a los detenidos después de que entregaba el papeleo y me iba a casa al concluir mi turno.

Por varios minutos Walter y yo permanecimos sentados en silencio. Mi cabeza estaba llena de preguntas pero no quería parecer demasiado curioso; no quería que Walter se percatara de mi antigua pertenencia a la corporación contra la cual se enfrentaba tan a menudo. Tímidamente, le pregunté si podía explicarme por qué había solicitado un aplazamiento. Él se puso a pensar en la mejor forma de explicármelo. Bueno, respondió, comenzaré con lo básico. Existe el derecho penal y el derecho civil, como probablemente ya sabes. Los cargos relacionados con el cruce ilegal de fronteras son cargos penales, de modo que la audiencia de la semana pasada y la de seguimiento de esta semana son parte de procesos penales. Pero la ciudadanía y la inmigración pertenecen al ámbito del derecho civil. Yo recordé los exámenes de la academia y asentí. Walter prosiguió. Tienes que entender que la mayor parte de los inmigrantes indocumentados no tienen ningún derecho de reclamar la ciudadanía o cualquier otra forma de residencia. Pero José tiene familia aquí; sus hijos son ciudadanos estadounidenses. Por eso fue que intervine durante la audiencia de la semana pasada y le solicité al juez un aplazamiento de la sentencia de José, con la esperanza de que la prórroga le diera algo de tiempo para encontrar un abogado especializado en migración, y ver si es posible interponer una demanda en una corte civil. Ya la encontraron, le dije; la dueña del mercado es amiga de una buena abogada. Qué suerte, dijo Walter. ¿Quién es? Elizabeth Green, le dije. Bueno, respondió él, eso es realmente muy afortunado. Elizabeth tiene una excelente reputación. Se volvió hacia el corredor y miró a Vicente, el hijo más pequeño de José. Creo que acaba de tener un bebé, añadió.

Walter se volvió hacia mí y me dijo: Te explicaré lo que sucederá hoy. El señor Martínez de todas formas tendrá que declararse culpable del cargo menor de ingreso ilegal, como todos los detenidos la semana pasada. Por su parte, el gobierno le ofrecerá la misma oferta: desestimar en su contra el delito grave de reingreso ilegal y lo sentenciará a treinta días de prisión. Entonces, ¡pum!, se terminan los cargos penales para José. Y aquí es donde la cosa cambia. En vez de ser deportado al concluir su sentencia, José será remitido a un juicio de inmigración, un caso civil. Elizabeth se encargará de todo eso. Entre tanto, la familia se reunirá con ella y entre todos armarán un alegato. No estoy muy familiarizado con las complejidades de las leyes de inmigración; lo único que sé es que no será gratuito. No tienes derecho a un abogado de oficio como yo. Hay que pagar por uno.

Walter miró a los hijos de José de reojo. ¿Sabes?, me dijo, es muy duro ver cómo la vida de un hombre se derrumba. Muchísima gente dentro del sistema de inmigración termina olvidándose de la humanidad de los acusados. Lo veo a diario en este lugar. Hizo un gesto para abarcar nuestro derredor. Los agentes de la Patrulla Fronteriza, los alguaciles con los que me topo a diario, todo ellos cosifican todo el tiempo a los detenidos. Yo apreté la quijada; no quería delatarme.

Conozco a alguien que trabaja aquí, le dije. ¿Ah, sí?, preguntó. ¿Cuál es su nombre? Morales. Carajo, exclamó Walter, conozco a Morales. Se quedó callado un instante. No quisiera hablar mal de tu cuate, pero ese Morales es un tipo muy serio. Siempre me ha parecido demasiado insensible. Jala a la gente, les quita las sillas, cosas por el estilo. Yo miraba a Walter y me mordía la lengua.

¿Sabes?, continuó, como defensor de oficio he representado a toda clase de personas. Incluso me ha tocado defender a agentes de la Patrulla

Fronteriza. Uno de mis clientes fue incriminado por sus propios colegas de la Patrulla, porque era demasiado humano, porque solía demostrar demasiada compasión en el cumplimiento de su deber. Los otros agentes no lo querían porque él no les seguía el juego. En una ocasión cargó en su espalda a una mujer herida a través del desierto y los otros agentes comenzaron a pensar que era un blandengue, y dejaron de confiar en él y no querían trabajar a su lado, así que le pusieron una trampa. Lo acusaron de brutalidad. Hicieron parecer que este hombre le había propinado una golpiza a alguien en el terreno. ¿No te parece algo retorcido? Asentí con la cabeza. Te digo, continuó Walter. Los agentes de la Patrulla Fronteriza, los alguaciles, todos parecen haber olvidado la cortesía. Casi nunca los he visto expresar algún tipo de humanidad, alguna clase de emoción. No sé cómo lo hacen. ¿Cómo puedes volver a casa con tus hijos por la noche después de haberte pasado todo el día tratando a otros seres humanos como perros?

José, vestido con el brillante uniforme naranja de los prisioneros, escuchaba con atención las palabras del juez a través de los audífonos.

Tengo entendido que usted pretende declararse culpable de la infracción menor de haber ingresado ilegalmente a través de un lugar distinto a los designados por la Oficina de Inmigración de los Estados Unidos. A cambio de esta declaración de culpabilidad, el gobierno ha acordado desestimar en su contra el delito grave de haber reingresado al país después de haber sido expulsado.

En esta ocasión, José era el único acusado en aquella sala de tamaño modesto, junto con unos pocos acompañantes. Walter estaba sentado junto a él, y pegados a la pared se encontraban dos alguaciles, ambos ataviados con trajes oscuros. Uno de ellos era muy alto y tenía el rostro picado de viruela; su atenta mirada saltaba de José a sus hijos, alternadamente. Junto al estrado del juez, en un reservado, un hombre de piel morena susurraba palabras en español en un micrófono.

Debe comprender, continuó el juez, que en un futuro este cargo será siempre usado en su contra, y que de ser arrestado tratando de reingresar nuevamente al país podría enfrentar una pena de prisión de varios años, no de días ni de meses. A mi lado, José Junior dibujaba un monigote sobre la superficie de un sobre. Mira, susurró, es mi hermano.

Señor Martínez, dijo el juez, ¿es usted ciudadano mexicano? Sí. En o alrededor del día 1 de septiembre de 2015, ¿ingresó a los Estados Unidos cerca de Yuma, Arizona? Sí. ¿Entró por un puerto de ingreso designado? No, señor. ¿Cómo se declara del delito de ingreso ilegal? Culpable, señor.

Tras la audiencia, Walter y yo nos sentamos nuevamente en un largo banco afuera de la sala del juzgado mientras los chicos galopaban por el vestíbulo y luego desaparecieron. El apagado eco de sus gritos surgió de los sanitarios. ¿Sabes?, me dijo Walter, si el señor Martínez no hubiera salido del país para ir a ver a su madre moribunda habría sido protegido por las órdenes ejecutivas promulgadas por el presidente Obama. Estas órdenes aplazan la deportación y conceden estatus provisional a los padres de ciudadanos estadounidenses que no han sido acusados de crímenes. José habría podido regresar a casa libremente. Los chicos aparecieron al final del corredor, y yo grité el nombre de Diego, el mayor. Los otros lo siguieron, empujándose y correteándose en círculos el uno al otro. ¿Por qué gritaban tanto en el baño?, les pregunté. No lo sé, respondió Diego. Sólo estábamos gritando. Por el eco.

De repente, las puertas de la sala del tribunal se abrieron justo frente a nosotros y el hombre alto, el del rostro picado de viruela, emergió dando grandes zancadas. Caminó pausadamente en dirección a los niños, que se habían sentado en el extremo más alejado del banco. Se paró frente a ellos y los miró a cada uno a los ojos. ¿Era su papá el de ahí dentro? Sí, respondió Diego con docilidad. Bueno, agregó el hombre, y guardó silencio por un instante. Lamento mucho lo de tu papá. A veces me siento muy mal por todos ustedes. Bajó los ojos y se miró el pecho. Con sus enormes manos desabrochó el pin que llevaba prendido a la solapa, lo sujetó entre sus dedos y extendió el brazo en dirección a Diego, como un piloto regalándole sus alas a un niño pequeño. Diego tomó el pin y el hombre se dio la vuelta y volvió a la sala del tribunal. El chico se quedó examinando el objeto en su mano.

Qué interesante, dijo Walter. A ese hombre lo veo aquí todo el tiempo. Nunca antes lo había visto expresar ningún tipo de emoción. Meneó la cabeza. Ése es el primer gesto de amabilidad que he presenciado en este lugar. Algunas personas son más compasivas de lo que aparentan, le respondí.

Más tarde, mientras me marchaba del juzgado con los niños, le pregunté a Diego si podía ver el pin. Diego continuó caminando sin detenerse. Enséñaselo, dijo José Junior, el hermano de en medio, y le dio un empujón con el hombro. De mala gana, Diego se metió la mano al bolsillo. Sujetó el pin dentro de su puño cerrado, como si éste se hubiera convertido en un objeto preciado, y luego lo dejó caer sobre la palma de mi mano. Era pesado, hecho de bronce auténtico: una pequeña estrella rodeada por las palabras Cuerpo de Alguaciles de los Estados Unidos. Una placa en miniatura.

De pequeña, me cuenta mi madre, siempre se sintió avergonzada de ser mexicana. Su madre, originaria del Medio Oeste de los Estados Unidos, tenía raíces alemanas e irlandesas, y sus padres se separaron antes de que ella pudiera formar algún recuerdo de su padre. Su madre, a pesar de haberse enamorado de un hombre mexicano, a pesar de haber vivido en ciudades del sureste de gran tradición mexicana, a pesar de estar rodeada de compañeros de trabajo y vecinos mexicanos, aun así mantenía cierta actitud respecto a los mexicanos. De niña, a mi madre le decían que era desordenada, que decía mentiras y que era perezosa, justo por ser mexicana. Si se veía motivada por alguna ambición, si algún propósito la impulsaba, le decían que era a causa de su ética laboral irlandesa, de su rigurosa concentración alemana. E incluso al hacerse mayor seguía avergonzándose terriblemente de sí misma cada vez que dejaba las cosas para después, cada vez que sentía el impulso de postergarlas, como si luchara internamente contra un linaje insidioso y deficiente.

Su madre le había dado una sola fotografía de su padre. En la imagen lucía joven y apuesto, posando de perfil para la cámara y mirando a la lejanía con ojos oscuros y entornados. Vestía el tradicional atuendo del charro mexicano, con sombrero de ala ancha y un corbatín de sarape anudado holgadamente al cuello. Tenía la mano izquierda alzada a la altura de su barbilla, con la palma apuntando hacia el cielo y los dedos curvados, sosteniendo un cigarrillo, un cono de ceniza a punto de desprenderse de su punta.

Mi madre solía contemplar esta fotografía y colmarse de amor por su padre, a quien imaginaba intrépido y gallardo, misterioso y enérgico. Fantaseaba con conocerlo. Hasta que finalmente, el verano en que cumplió diecisiete años, condujo hasta la casa de su padre en San Diego. Llevaba puestos sus zapatos más caros y el vestido mexicano más fino que poseía, de guinga blanca y marrón con volantes de encaje oscuro. De pie ante la puerta apenas era capaz de contener su emoción. Su padre era una leyenda. Tocó la puerta esperando ser recibida por un caballero alto y elegantemente vestido. Pero cuando la puerta finalmente se abrió, mi madre contempló a un hombre bajito, calvo y sonriente, que llevaba puesta una camiseta blanca y un gastado par de pantalones plisados de cuya pretina sobresalía una barriga flácida.

Mi joven madre vino a descubrir que su padre era un hombre atado a la tradición y a su familia, un hombre que vivía a muy pocos kilómetros de sus hermanos y hermanas, que se pasaba los días encerrado en un edificio de correos, clasificando cartas, y que muy rara vez se aventuraba lejos de casa; un hombre que, en opinión de mi madre, nunca tomó ningún riesgo. Y entonces, después de tantos años de expectación, se sintió avergonzada de su padre: avergonzada aún de ser mexicana.

No fue sino hasta más tarde, ya convertida en una joven adulta que vivía y trabajaba en los parques nacionales, que mi madre se dio cuenta de cómo la tradición de la permanencia podía servir para arraigar a la gente en una cultura, para anclarlos a un paisaje. En las Grandes Montañas Humeantes de Tennessee, en las granjas y ranchos del oeste de Texas, en los cañones de la meseta de Colorado, mi madre pudo ver cómo las personas amaban la tierra y eran moldeadas por ésta. Por último viajó al Monumento Nacional de Coronado, en la frontera de Arizona y Sonora. Trabó amistad con el superintendente del parque, un mexicano muy orgulloso de sus raíces, ciudadano de ambas naciones desde su nacimiento. Por años trabajó en México como director de una escuela. Pero en el Monumento de Coronado, un sitio que señala la expedición de Francisco Vásquez de Coronado por las tierras que llegarían a albergar una convulsa línea fronteriza —un lugar que conmemoraba el origen de un violento e incesante intercambio entre culturas—, este hombre halló un sitio de relevancia internacional, un lugar que contaba su historia.

Mi madre pronto le tomó confianza a este hombre, y él se convirtió en la primera persona a quién le confesó la vergüenza que toda su vida había sentido por ser mexicana. Y el hombre sonrió. Así es como funciona, le dijo. La primera generación lucha por marcharse, por venir a un nuevo país, por ser aceptados en una nueva cultura. A menudo llegan y son condenados al ostracismo; se establecen en reductos, hacen todo lo posible por conseguir un apoyo. Sea que logren aprender inglés o que no, están convencidos de que sus hijos deben hablarlo. A veces llegan al extremo de disuadirlos de hablar en su lengua de origen, pues quieren que sus hijos entren a buenas escuelas, que se identifiquen con su nueva cultura, que puedan ser aceptados por ésta en todas las formas en que ellos no pudieron ser aceptados. El hombre miraba a mi madre con conocimiento de causa mientras le explicaba todo esto. Esta segunda generación, prosiguió el hombre, puede llegar a sentirse muy distante de la cultura de sus padres. Tal vez en algún momento se les dijo que debían dejar atrás su vieja cultura, y es por eso que terminan rechazándola.

Cuando esta segunda generación conforma su propia identidad, continuó el hombre, lo hace con más frecuencia al interior de la nueva cultura que de la antigua. Y para cuando les llega el momento de convertirse en padres, resulta que esta tercera generación goza de una aceptación casi completa. La tienen más fácil: la cultura del país que sus abuelos adoptaron los define enteramente. Sin embargo, añadió, cuando llegan a la adultez, a menudo comienzan a mirar a su alrededor en busca de algo que los haga únicos. Y es entonces cuando inician la búsqueda de una herencia, cuando vuelven a las tradiciones que los hace especiales, a menudo para darse cuenta de que éstas ya no se encuentran allí. Y comprenden que algo se ha perdido en el camino.

Mi madre me cuenta que, cuando nací, recordó las palabras de este hombre, y recordó también todas las maneras en que fue alejada de su propia identidad. Yo no quería eso para mi hijo, me cuenta. Yo quería que tú te sintieras orgulloso, que encontraras una fortaleza en tu patrimonio.

Me encontraba sentado en el interior de mi camioneta, afuera del bufete jurídico de Elizabeth Green, preguntándome qué hacía yo allí, cuál era mi papel en todo aquello, qué protocolos había seguido para acabar ahí. Estaba ahí sentado, con el motor en ralentí, sacudiendo lentamente la cabeza al ritmo de la música que escuchaba en la radio. Es muy sencillo, me dije finalmente. Esto es lo que los amigos hacen.

Tras ingresar al edificio, una recepcionista me condujo a una sala de conferencias en el segundo piso, en donde encontré a Elizabeth y a Diane sentadas en lados opuestos de una mesa, charlando sobre el bebé recién nacido de Elizabeth. Saludé a Diane y me presenté con Elizabeth. Trabajo para Diane, le dije, soy amigo de José. Diane se dirigió a Elizabeth. Sabe hablar español, le dijo. Ha sido de gran ayuda para la familia. Qué amable, dijo Elizabeth. Tomé asiento en el extremo de la mesa, junto a una ventana con vista a las montañas occidentales. Escuché a las dos mujeres y miré el reloj. Lupe estaba retrasada. Casi no puedo dormir por las noches, le contaba Elizabeth a Diane. Lo oigo llorarme desde la otra habitación. Es como si pudiera oír su respiración a través de las paredes.

Mi teléfono comenzó a sonar. Lupe había llegado y necesitaba que la ayudaran a encontrar la oficina. Me disculpé y salí. La encontré en el estacionamiento, hablando con el pastor. Los saludé a ambos. Me da mucho gusto verlo, le dije al pastor, qué bueno que vino.

Arriba, Elizabeth nos saludó a todos y nos invitó a sentarnos. Habló en español, dirigiéndose directamente a Lupe con oraciones pausadas y deliberadas. Desagraciadamente, dijo, la situación de José no es inusual. Paseó su vista por la sala. Lo que sí es inusual es ver a tanta gente reunida para un caso. Normalmente sólo los familiares cercanos vienen a este tipo de juntas. Elizabeth miró a Lupe y asintió en dirección mía, de Diane y del pastor. José debe haberles causado una gran impresión a todos ustedes, nos dijo. Lupe nos miraba con las manos entrelazadas sobre su regazo. Elizabeth prosiguió. Hoy quiero que hablemos de José para encontrar la mejor estrategia para que se quede aquí. Vamos a hacer todo lo posible, le dijo a Lupe. Elizabeth puso una mano sobre la mesa y repitió sus palabras. Todo lo posible.

Elizabeth comenzó a hablar en inglés y me miró. ¿Te importaría hacer de intérprete? No, le dije, claro que no. Quiero dejar un par de cosas en claro, señaló; quiero atemperar las expectativas de buenas a primeras. Este caso será muy difícil; no imposible, pero difícil. Miró a Diane, al otro lado de la mesa. También quiero dejar en claro que, incluso aunque a José se le permita permanecer en el país, es muy poco probable que pueda regresar a trabajar a tu empresa, porque a estas alturas, por supuesto, ya no ignoras su condición de indocumentado. Diane meneó la cabeza. Es una pena. José era un empleado excelente; es un hombre tan dulce. Bueno, dijo Elizabeth, realmente es muy raro que un empleador se interese tanto en alguien como para asistir a un junta como ésta, y más raro aún que lo apoye en un caso de deportación. Diane se encogió de hombros. Yo realmente pensé que tenía sus papeles en orden, afirmó. Al principio lo empleamos como contratista independiente. Llenó todas las formas, tenía un número de seguridad social, y cada año le entregábamos su formulario fiscal. Nunca se me ocurrió que, después de meses y años de trabajar para nosotros, nunca pidiera ingresar a la nómina, nunca pidiera prestaciones. Tal vez prefería que nuestra relación fuera vaga para protegerse, para evitar que nosotros conociéramos su estatus migratorio. Diane miró a su alrededor. Simplemente nunca se me ocurrió.

Elizabeth apoyó los brazos sobre la mesa. Teniendo en cuenta lo que sabías, le dijo a Diane, jurídicamente no hiciste nada malo. Pero quiero que sepan que incluso en el mejor de los escenarios, José no tiene la menor oportunidad de obtener la residencia legal. Quiero dejar esto bien en claro, a todos ustedes, pero especialmente a Lupe, que lo que estamos demandando en este caso no es la legalización. Según la ley en vigor, José no tiene manera de solicitar la legalización hasta que su hijo mayor cumpla dieciocho años y pueda patrocinar a su madre y a su padre para obtener la ciudadanía. Y debido a que José ya tiene una deportación previa en su expediente, que data de 1996, no tenemos demasiadas opciones.

Elizabeth se volvió hacia Lupe. Quiero hacerte unas cuantas preguntas para comenzar, le dijo. Me miró de reojo y yo comencé a traducir. Antes que nada, y sin contar su deportación anterior, ¿ha tenido José problemas con la ley? No, nunca, respondió Lupe. Miró al pastor. José solía beber, admitió en voz baja. El pastor asintió con la cabeza. Pero nunca se metió en problemas, añadió Lupe, gracias a Dios. Desde que nuestro primer hijo nació no ha bebido ni una sola copa. Bien, dijo Elizabeth. La siguiente pregunta podría ser difícil de responder, añadió, pero es muy importante. ¿Han sido víctimas tú, José o los niños de algún crimen violento aquí en los Estados Unidos? Lupe bajó la mirada y miró sus manos, que aún seguían entrelazadas sobre su regazo. No, respondió, la verdad es que no.

Entonces, concluyó Elizabeth, eso nos deja con dos opciones. La primera es que José alegue sentir temor de regresar a México, en cuyo caso sería retenido y entrevistado para ver si califica para recibir algo como el asilo. Permanecería bajo custodia de las autoridades de Inmigración por lo menos seis meses antes de ser liberado bajo fianza.

Perdone, dijo Lupe, ¿qué significa exactamente? Miró a Elizabeth. ¿Temor de regresar a México? Claro que siente miedo, dijo, la delincuencia, la corrupción. Elizabeth comenzó a dar golpecitos en su bloc de notas con un lápiz. Claro, respondió, lo lamento. Lo que quise decir es si siente temor de algo más específico. Si José ha recibido amenazas de muerte, de un cártel del narcotráfico o de algún otro grupo. Si forma parte de una minoría étnica o política que es blanco de ataques en algún sitio. Conflictos de tierras, rencillas violentas entre familias, cosas así.

Lupe retorció sus manos sobre su regazo, bajó la mirada y negó con la cabeza. No, dijo, nada de eso. Elizabeth posó su lápiz sobre la superficie de su bloc. Bueno, dijo, iré a visitar a José al centro de detención y hablaré con él sólo para asegurarme. Pero debe quedar claro que el objetivo final de la solicitud de asilo no es realmente ganarlo. Casi ninguna persona procedente de México logra obtener el asilo, sólo el uno por ciento de los casos mexicanos lo logran. Pero el proceso nos ayudaría a ganar tiempo, y la solicitud reforzaría la suspensión del proceso. Mientras le traducía lo que Elizabeth decía, Lupe me miraba, inexpresiva.

Así que eso nos lleva a nuestra segunda opción, continuó Elizabeth, que es pedir el aplazamiento de la deportación en virtud de las órdenes ejecutivas que, provisionalmente, protegen a ciertos migrantes indocumentados como son los padres sin antecedentes penales de ciudadanos estadounidenses. Pero, claro, el problema es que José tiene una deportación previa que data de 1996, y encima de todo, su reciente salida y el reingreso ilegal al país. Esto significa que ahora es considerado un "entrante reciente", y los entrantes recientes están sujetos a la deportación prioritaria, incluso bajo las disposiciones ejecutivas actuales. Así que lo que tenemos hacer es armar un gran caso de discrecionalidad en materia de enjuiciamiento. Básicamente, significa que tenemos que presentarle al juez razones imperiosas y convincentes por las cuales debería otorgársele a José la suspensión de su proceso a pesar de su reciente ingreso. El objetivo de esto es sacar a José de prisión y, esencialmente, ganar tiempo a través del proceso de apelación, con la esperanza de que en algún momento se aprueben políticas más favorables o una eventual reforma migratoria. José seguiría sin permiso para trabajar y tendría que seguir viviendo a la sombra, pero se encontraría protegido, y podría permanecer a salvo en el país, si eso tiene algún sentido.

Elizabeth miró en derredor suyo, posando sus ojos en Diane, en Lupe, en el pastor y en mí por turnos. Bien, prosiguió, esto es lo que necesito de cada uno de ustedes: de ti, Lupe, todos y cada uno de los documentos que puedan probar cuánto tiempo lleva José viviendo y trabajando en los Estados Unidos. Comprobantes de salario y cualquier tipo de información fiscal que constate algún empleo; contratos de alquiler o arrendamiento, de servicios públicos, o cualquier evidencia que sirva para demostrar una residencia continua. ¿Cuánto tiempo lleva José en los Estados Unidos? Lupe se quedó pensando un instante. Más de treinta años, respondió.

Elizabeth pareció sorprendida. Bueno, dijo, si logras presentar documentos que prueben la presencia continua de José en este país por más de treinta años, la solicitud se verá muy beneficiada. Y agregó: también necesitaremos cualquier documento legal de tus hijos que puedas conseguir: certificados de nacimiento, boletas de calificaciones, registros médicos. Los registros médicos son importantísimos. ¿Tus hijos padecen alguna condición médica? Lupe nos miró al pastor y a mí. Mi hijo más chico, Vicente, tiene un problema en su cerebro. No puede hablar bien. Bajó la vista. José Junior tiene asma. Y también un coche lo atropelló hace año y medio, agregó. Todavía cojea. Y Diego, el mayor, tiene meningitis. Lamento mucho escucharlo, dijo Elizabeth. Es muy importante obtener documentación de todo esto para la solicitud; cualquier evidencia que puedas darnos de las condiciones médicas de tus hijos será de suma utilidad para el caso.

Elizabeth nos miró a Diane, al pastor y a mí. Otra cosa que ayudaría muchísimo a José es contar con testimonios de su buen carácter, nos dijo. Cartas de actuales y pasados empleadores, de caseros, vecinos, amigos de la iglesia y familiares, particularmente de aquellos que tengan sus papeles legalizados. Cuanto más, mejor. Cualquier evidencia de trabajo comunitario realizado como parte de su pertenencia a una iglesia o de cualquier otro tipo también nos sería muy útil. El autor de la carta debe asegurarse de indicar con claridad desde hace cuántos años conoce a José, a título de qué lo conoce, y por qué ha decidido apoyarlo: su integridad moral, su disciplina laboral, etcétera. Es bueno también que el autor mencione ejemplos de esto, y que enumere cosas específicas que José haya hecho que los impresionaron o que demuestren que José es alguien especial y único. Si el autor de la carta está familiarizado con las penurias que la deportación de José ocasionaría a su familia, también debería mencionarlas. Y mientras Elizabeth continuaba hablando, miré las montañas por la ventana y me pregunté cómo podría poner en palabras dichas penurias.

Hay una última cosa que necesito para poder comenzar, señaló Elizabeth, y es la mitad del dinero para cubrir nuestros honorarios. Dos mil dólares de un total de cuatro mil. Nosotros pagaremos la mitad, dijo Diane, mi esposo y yo ya lo decidimos. Lupe abrió mucho sus ojos, que reflejaron los rayos de sol que se filtraban a través de las ventanas. El pastor se inclinó y apoyó sus brazos sobre la mesa. Nuestra iglesia ayudará a Lupe a pagar la otra mitad, dijo. Elizabeth sonrió. Fantástico, dijo. Lupe miraba para todos lados, sin saber qué decir o cómo reaccionar.

¿Tienen alguna pregunta?, dijo Elizabeth. Diane alzó la mano. Tal vez no es momento para preguntarlo, dijo, pero ¿qué pasará si José pierde el caso? Bueno, respondió Elizabeth, será enviado de regreso a México, por supuesto, lo que sucederá muy rápido, una vez que la orden de deportación haya sido expedida. A veces sucede que nos enteramos cuando la resolución ha sido tomada y la persona ya ha sido deportada. Los fallos de inmigración no tienen lugar en una corte, de modo que no podremos argumentar nuestra defensa ante un juez. Sólo presentamos los documentos y el fallo se realiza a puerta cerrada.

Si José es deportado, el cargo aparecerá en su expediente, por supuesto, y eso le dificultará legalizarse en un futuro. Y junto con la deportación recibirá una prohibición de reingresar al país por cinco años. Diane suspiró. ¿Y si trata de cruzar de nuevo? Elizabeth tomó el lápiz de la mesa. Irá a la cárcel cada vez que lo atrapen, cada vez por más tiempo. En lugar de treinta días, probablemente le darán sesenta, y luego noventa. Y le prohibirán reingresar por diez años, y luego veinte, y así consecutivamente.

Elizabeth miró a Lupe y luego a mí, para asegurarse de que yo estaba listo para comenzar a traducir de nuevo. Quiero asegurarme de que sepas dónde está tu esposo, dijo. Permanecerá en el centro de detención por la duración de la sentencia de treinta días que le impusieron en la audiencia penal. Lupe asintió con la cabeza en dirección a mí y luego en dirección a Elizabeth. Después de eso, dijo la abogada, si el caso de José sigue en estudio, lo que probablemente sucederá, será reubicado en el centro de detención de inmigración más cercano. Elizabeth garabateó un número en un pedazo de papel y se lo entregó a Lupe. Éste es su número de recluso, le dijo, lo necesitarás para cualquier asunto relacionado con la prisión. Elizabeth dio golpecitos con el lápiz a su bloc de notas. ¿Hay alguna pregunta?, dijo. Sólo una, respondió Lupe. ¿Pueden visitar los niños a su padre? Elizabeth se apoyó en el respaldo de su silla. Bueno, dijo, claro, el centro de detención permite visitas. Volvió a colocar el lápiz sobre la mesa. Pero en ese lugar piden papeles, por lo que no es seguro para ti. Tendrás que pedirle a alguien más que lleve a los niños.

Conduje por el parque de casas rodantes muy temprano por la mañana, antes de que el sol saliera, buscando la casa de José. Finalmente la hallé: una caravana de puertas dobles instalada en un solar de tierra junto a un basurero. Las luces estaban apagadas. Toqué en ambas puertas, y después de varios minutos de espera, toqué aún más fuerte, hasta que escuché ruidos en el interior y vi que una luz se encendía. Lupe abrió la puerta y me sonrió débilmente, con el rostro aún adormilado. Diego se está preparando, me dijo, estará listo en unos minutitos. ¿Sólo irá él?, le pregunté. Sí, dijo ella, los más pequeños deben descansar.

En el coche Diego guardaba silencio. ¿Ya comiste?, le pregunté. La verdad no, me dijo. Nos detuvimos en un McDonald's y ordené un McMuffin de salchicha y Diego ordenó dos burritos de desayuno. Mientras esperábamos para pasar a la ventanilla, Diego me entregó unos billetes. No te preocupes, le dije, yo pago. No, respondió él, mi mamá me dio este dinero. Se enojará mucho si pagas tú. Okey, le dije. Sonreí. Gracias por el desayuno.

¿Sabes?, le conté, mientras él desenvolvía su primer burrito, en el trabajo tu papá solía desayunar un burrito todos los días. Siempre me daba la mitad. Clavé la mirada en el camino y le di una mordida a mi emparedado. Le pregunté a Diego cómo le iba en la escuela y qué cosas hacía para divertirse. Me gusta el futbol soccer, me dijo. ¿Ah, sí?, le pregunté. ¿Cuál es tu equipo favorito? En realidad, ninguno, dijo él, sólo me gusta jugar. Juego en el parque con mis hermanos. Mi papá solía llevarnos. También estoy en un equipo de la iglesia. Le dio otra mordida a su burrito. ¿Qué posición juegas?, le pregunté. Soy delantero, dijo. Soy el que mete los goles.

Tras una hora de camino, el sol finalmente surgió en el horizonte y proyectó sus primeros rayos sobre las llanuras desérticas y los aletargados campos de cultivo. Redujimos la velocidad al llegar a una zona con casas y edificios y enseguida pudimos distinguir las instalaciones de la prisión, imponentes a la distancia. Condujimos por calles silenciosas y dejamos atrás una escuela secundaria, una factoría, un restaurante italiano y finalmente llegamos al inmenso centro de detención, ubicado en el otro extremo del poblado. En el exterior, un guardia en una camioneta blanca revisaba los vehículos en la entrada del estacionamiento. Bajé mi ventanilla. Estamos aquí para una visita, le dije. ¿En qué pabellón? Le leí los datos que había anotado. Ese pabellón recibe visitas hasta las nueve. ¿En serio?, le dije. Pero en internet decía... El guardia me interrumpió. Nueve a eme, repitió. Miré a Diego y luego de nuevo al guardia. ¿Hay algún sitio donde podamos esperar?, le pregunté. Pude sentir cómo el guardia me fulminaba con la mirada detrás de sus gafas oscuras. Hay una cafetería en el poblado, nos dijo. Puede esperar ahí.

Eran casi las siete cuando nos estacionamos frente a la cafetería. Diego y yo nos sentamos en un reservado junto a la ventana y miramos en silencio cómo la luz ambarina del sol se derramaba sobre el asfalto. Una mesera se acercó con dos menús y una jarra de agua. Buenos días, nos dijo, apuesto a que tienen mucha hambre, muchachos. La miré y le sonreí. A decir verdad, le dije, ya comimos. Estamos esperando para hacer una visita a la cárcel. Seguramente le toca un montón de gente que le dice lo mismo. A veces, respondió ella. Bueno, proseguí, ¿le parece bien si nos entretenemos con un café y ordenamos algo pequeño? La mesera sonrió y asintió en dirección al otro único cliente de la cafetería, un corpulento hombre de sombrero vaquero que chacoteaba con otra mesera, sentado ante el mostrador. Cualquier cliente es un buen cliente, respondió.

La mesera se llevó nuestros menús y se marchó, y nosotros volvimos a mirar por la ventana. ¿Tus padres toman café?, le pregunté a Diego. Sí, dijo él, pero a mí la verdad no me gusta el sabor. Tu papá lo toma con vainilla y crema, le conté. Aparté la mirada de la ventana y miré a Diego del otro lado de la mesa, encogido y espatarrado en el asiento del reservado. Oh, dijo, no lo sabía. Nunca veo a mi papá por las mañanas.

Dos horas más tarde, en la entrada de la prisión, el guardia de la camioneta blanca sacó su mano de la ventanilla cuando nos vio aproximarnos. Bajé el vidrio. Se suspenden las visitas. Pero son las nueve a eme, le dije, ¿de qué habla? Hay un motín en el pabellón E. Se suspenden las visitas. Miré a Diego y luego de nuevo al guardia. ¿Por cuánto tiempo?, le pregunté. El hombre se encogió de hombros. ¿Cómo voy a saberlo? Hasta que dejen de amotinarse.

Quedé de verme en el mercado con Lupe al final de mi turno. Me había ofrecido a ayudarle a revisar y poner en orden los documentos de José y a entregárselos a Elizabeth en el bufete jurídico. Lupe estaba sentada ante una pequeña mesa, con su cabello recogido en un moño tirante. Sonrió cuando me vio acercarme y se levantó para saludarme con tímida familiaridad. Una vez que nos sentamos, Lupe colocó en su regazo un enorme bolso tejido del que sacó un grueso fajo de documentos sueltos dentro de un folder manila. Los revisé brevemente. Había papeles de 1981, de 1990, de 1993, 1994, 1997, 2002, 2003, 2005, 2009, 2012, 2015; viejas credenciales de identidad de José, comprobantes de salario, formularios de impuestos y de seguros, contratos de renta, facturas de servicios públicos, historiales médicos, comprobantes de pagos y reportes de crédito, todo amontonado y en desorden: el abultado expediente de una vida entera transcurrida en los márgenes laborales de un país que ahora se había puesto en su contra.

Le devolví los documentos a Lupe y le pedí que me disculpara unos minutos. Crucé el patio del mercado y toqué en la puerta abierta de la oficina de Diane. Pasa, la oí decir. Lupe está aquí, le dije, y trae muchísimos documentos. Qué bien, replicó Diane. En realidad, todo está hecho un desastre, le dije. ¿No habrá alguna mesa grande donde podamos ponerlos y organizar los papeles? Claro, respondió ella. Me condujo por el pasillo hasta una sala de conferencias. Está libre hasta la tarde, me dijo. ¿Necesitas algo más? Tal vez unos cuantos marcadores y un juego de fólderes, le dije. El material de oficina está en el otro cuarto, dijo Diane. Toman lo que necesiten.

Durante las siguientes dos horas, Lupe y yo permanecimos ante la mesa de la sala de conferencias, separando en pilas los papeles, algunos de los cuales ya estaban borrosos y amarillentos: documentos que aportaban pruebas del arribo de José a los Estados Unidos, a la edad de once años, y de los trabajos que había desempeñado posteriormente a lo

196

largo de cada año, ganando el salario mínimo como lavaplatos, mozo, vigilante, reparador de autos, conserje, agricultor, jornalero, operador de equipo agrícola, obrero en una fábrica de alfombras, conductor de camiones, mano de obra en la industria constructora; documentos que certificaban su matrimonio, certificados del nacimiento de cada uno de sus tres hijos, el certificado de la muerte de su madre; documentos que probaban el desarrollo de sus hijos, niños que acudían a la enfermería escolar y a la clínica de salud local, niños a los que les habían practicado escáneres cerebrales, exámenes de comportamiento, terapias de expresión y de lenguaje, niños que recibían boletas de calificaciones y notas de los profesores, niños que estaban siendo formados en la doble identidad del inmigrante y el ciudadano.

Mientras ordenábamos los documentos, marqué varios fólderes y fui colocando los papeles en el sitio que les correspondía. TRABAJO, escribí en uno. RESIDENCIA, en otro. Rotulé otro como DEPENDIENTES, y dentro coloqué un fólder por cada uno de los niños, y dentro de estos, fólderes adicionales marcados como ESCUELA, HOSPITAL y PRUEBA DE CIUDADANÍA. Vi fotos de credenciales de José cuando era joven, con su cabello negro esponjado, su piel morena y reluciente a la luz de los flashes. Vi las fotografías de las identificaciones de sus hijos, con sus rostros redonditos de bebés, y vi las huellas de sus manos y pies de recién nacidos impresas en tinta en los documentos hospitalarios que certificaban sus nacimientos. Vi las firmas de José y de Lupe una y otra vez, escritas en sencillas letras de molde en papeles y más papeles, año tras año.

Cuando finalmente terminamos, crucé el patio del mercado con Lupe. Mientras nos despedíamos, una mujer llamada Ana, que trabajaba en la panadería mexicana, salió al patio para saludar a Lupe. Le preguntó por José, por los niños, por la pila de documentos que llevaba yo en las manos. Son para el caso de José, dijo Lupe; Paco los llevará con la abogada. Ana me sonrió. Qué amable de tu parte ayudar a la familia, me dijo. Me tocó el hombro y miró a Lupe. Ni parece que estuvo en la migra, ¿verdad?, dijo, bajando la voz. Ay, ¿de verdad?, exclamó Lupe, con los ojos desorbitados por la sorpresa. ¿José no te lo dijo?, le pregunté. No, respondió, alargando la vocal. No importa, dijo Ana. Paco conoció lo que pasamos en la frontera, y mira, ahora nos está ayudando. Yo sonreí y asentí, y me pregunté si eso era justo lo que estaba haciendo en realidad, si sólo me impulsaba el deseo de hacer el bien para compensar las vidas que había enviado de regreso al otro lado de la línea; si lo que buscaba era repartir una suerte de mezquina reparación. Si lo que quería era redimirme, me pregunté, ¿cómo sería la redención?

Lupe me abrió la puerta apenas toqué. Buenos días, le dije. Ella sonrió. Ya no es tan temprano esta vez, me dijo. Desapareció en el interior de la casa y pude escucharla llamando a Diego. Regresó a la entrada con unos papeles en la mano. Disculpa, me dijo, pero ¿te molestaría llevar también a José Junior? La última vez se puso muy triste por no haber ido. Cómo no, le dije. Y señalé los documentos que llevaba en la mano. ¿Son sus papeles? Sí, dijo ella, y me los entregó. Diego apareció detrás de su madre y se plantó junto a ella en el umbral. Ya casi eres tan alto como tu mamá, le dije. Diego se irguió y sonrió. De hecho, dijo, ya soy más alto que ella. Su madre hizo como si le pegara, de broma. Ya casi soy tan alto como mi papá, dijo Diego con orgullo.

Mientras viajábamos hacia el norte en dirección al centro de detención, Diego miraba su teléfono y José Junior, sentado en el asiento de atrás, jugaba un juego de futbol en un iPod Touch y alzaba la mano en un gesto de victoria cada vez que anotaba un gol y luego le pasaba el dispositivo a su hermano mayor e insistía en que éste viera la repetición automática de la jugada. Después de diez minutos, Diego se aburrió de su teléfono y se removió en su asiento. Déjame jugar, le dijo a José Junior. Pero tú tienes tu teléfono, lloriqueó su hermano. Ya sé, respondió Diego, pero no tiene futbol.

José Junior se rindió y le entregó su iPod a Diego y paseó su mirada por el interior del vehículo. Espero que regresemos antes de que terminen las clases, dijo. Me volví y lo miré. Sujetaba con fuerza la correa del cinturón de seguridad que le cruzaba el pecho. ¿Por qué? Pensé que a los niños les gustaba faltar a clases. A mí no, dijo él. A mí me gusta la escuela. Ayer la maestra nos dijo que nos daría golosinas al final del día. Hasta hicimos una votación para ver qué clase de pastelillos queríamos. En el asiento junto a mí Diego alzó la mano y gritó: ¡GOL! Se volvió hacia su hermano. Mira, dijo Diego, mostrándole a José Junior la repetición. El domingo voy a anotar un gol igualito a éste.

Después de varios minutos, José Junior se inclinó hacia su hermano desde el asiento trasero y le tocó el hombro. Mira, le dijo, está flotando. Diego bajó el iPod. ¿De qué estás hablando? Esa cosa junto a la carretera, dijo José Junior, si te le quedas viendo fijamente, parece que flota. Diego miró la carretera por la ventanilla del pasajero. No entiendo, dijo, ¿qué quieres decir? La barra, dijo José Junior. Me volví y miré la barandilla que corría a lo largo del arcén de la autopista. Cuando la miraba fijamente, los postes de madera que la sostenían se desdibujaban al pasar a toda velocidad, produciendo la ilusión de una barra de acero flotando sobre el suelo. ¿Te refieres a la barandilla?, le pregunté. José Junior sonrió. Sí, me dijo. Está flotando.

Cuando llegamos al centro de detención les recordé a los chicos que debían dejar todo en el coche. El teléfono, el iPod, las carteras, hasta sus cinturones, les dije. Seguimos los pasos de otra visitante a través del estacionamiento y nos dirigimos hacia el portón de la imponente cerca doble rematada de alambre de espino. Cuando por fin fuimos cinco las personas allí reunidas, el portón, comandado a distancia, se abrió lentamente y pasamos a la puerta de seguridad, donde esperamos pacientemente a que el portón volviera a cerrarse a nuestras espaldas. Arriba, por encima de mí, alcancé a escuchar el lamento de una paloma huilota que canturreaba desde algún sitio en el techo de la prisión. El viento soplaba suavemente contra las alambradas, sacudiendo los brazos de un rugoso y despellejado cactus que se alzaba junto a la pasarela. José Junior le dio un codazo a Diego. Suena como nuestra mamá llamándonos. Miré cómo la cerca de alambre temblaba a causa de las ráfagas de aire helado. ¿Te refieres al viento o a los pájaros?, le pregunté. José Junior se quedó pensando un instante. A los dos, respondió.

José Junior se llevó una mano a la cara para cubrirse los ojos del sol y miró hacia la puerta de la prisión. Siento como si ya hubiera estado aquí antes, dijo. ¿En serio?, le pregunté. Sí, tal vez en un sueño. Caminó hacia el cactus que crecía junto a la pasarela y, por primera vez, noté una ligera cojera en su andar. Se quedó mirando la alambrada, y su playera holgada, herencia de su hermano mayor, se agitó en el viento.

Finalmente el portón se cerró a nuestras espaldas con un estruendo metálico y un guardia abrió la puerta de la prisión. Vi que las dos mujeres que se encontraban adelante de nosotros avanzaban en la fila. Siguiendo su ejemplo, tomé una hoja de papel de un mostrador y llené el formulario con el nombre de José, su número de recluso y su pabellón. Cuando me tocó pasar ante la ventanilla, le entregué el papel al guardia. Él tecleó los datos en su computadora mientras se relamía los frondosos bigotes blancos. ¿Martínez Cruz?, dijo finalmente. Sí, señor, respondí. ¿Cuál es su relación? Soy un amigo, le dije, y éstos son sus hijos. ¿Es usted su tutor? Por hoy sí, respondí. Le entregué la carta notarial firmada por Lupe. ¿Trae sus documentos?, me preguntó. Sí, señor, le respondí, y le entregué los certificados de nacimiento de los chicos. El hombre tecleó un poco más y luego nos ordenó que vaciáramos nuestros bolsillos y que pasáramos a través del detector de metales hacia la sala de espera.

Los chicos se sentaron juntos sobre los duros asientos de plástico. Diego jugueteaba con sus manos y José Junior columpiaba sus piernas de atrás para adelante. Las dos mujeres que habían entrado antes que nosotros se habían sentado frente a frente en sillas opuestas. Me gustan tus zapatos, le dijo una a la otra. ¿Son Vans? Coach, respondió aquella. Oh. La mujer bajó la mirada y movió los pies. Compré estos en el Dollar General. También son buenos ahí, dijo la otra mujer. Creo que son bonitos. Después de un rato, la mujer de los zapatos Coach le preguntó a la otra si ya había venido antes a la prisión. Una sola vez, respondió la mujer, un domingo. Estaba muy lleno, dijo, y meneó la cabeza. Creo que es mucho mejor venir entre semana. Volví a mirar a los chicos. José Junior estaba sentado con el rostro apoyado en sus manos.

Para matar el tiempo, caminé por la sala y miré los afiches de la Corporación de Correccionales de América que colgaban de las paredes. "Prevención del Suicidio Cero Tolerancia", decía uno, "Sé un héroe, que no haya ninguna baja". "La oportunidad está llamando a tu puerta", decía otro, "la CCA actualmente está aceptando solicitudes de ingreso". Otro póster mostraba a un hombre negro sonriendo: "Creo que todo el mundo necesita un poco de diversión en su vida. Soy Terry Williams Junior, oficial penitenciario superior de Tennessee. Soy la CCA". Junto a éste, otro afiche mostraba a una mujer mayor blanca que sonreía con orgullo. "Mi nombre es Mary Bowermaster. Soy supervisora de turno en Florida y creo que nunca debes dejar de aprender cosas. Soy la CCA". Y otro más: "Puedo enseñarle a la gente a vivir mejores vidas. Soy Jason Russel, enfermera y ebanista en Mississippi. Soy la CCA". Me paré frente a esos rostros fotografiados y pensé en los lazos que me unían a todos ellos: la placa, la pistola, el acarreo de seres humanos, el lento quebranto del espíritu. Escuché el eco de unas llaves que tintineaban a lo lejos, y me volví para escuchar el llamado de los guardias.

Nos entregaron varias hojas de papel y nos ordenaron volver a nuestros vehículos y rodear el edificio para ingresar por otra entrada. Estoy confundido, le dije a uno de los guardias, pensé que aquí eran las visitas. Aquí se hace el registro, me respondió el guardia, las visitas son del otro lado. De regreso al auto, seguí a la mujer de los zapatos Coach en su vuelta en torno al edificio para asegurarme de que estuviera yendo en la dirección correcta. Saqué nuevamente a los chicos del auto y nos reunimos con las dos mujeres frente a una nueva entrada, donde aguardamos la apertura de un nuevo portón. Diego arrastraba los pies y José Junior de nuevo se quedó mirando la parte superior de la alambrada. De verdad que no sé por qué tengo la sensación de haber estado aquí antes, dijo. Bajó la vista al suelo. No soporto más la presión, murmuró para sí mismo. ¿Qué quieres decir?, le pregunté. No sé si soportaré hablar con mi papá. Miré a Diego y de nuevo a su hermano. ¿Por qué no?, le pregunté. José Junior suspiró. Porque está en la cárcel.

Finalmente se nos permitió cruzar las puertas de la prisión, y quien lo hizo fue el mismo guardia bigotón que nos recibió los documentos en el puesto de registro. Recibió las hojas de papel que nos habían dado y nos ordenó que volviéramos a pasar por el detector de metales. Nos condujeron al fondo de un pasillo y nos hicieron esperar durante varios minutos mientras el guardia charlaba con un colega que acababa de finalizar su turno. Te veo en el pabellón D mañana, dijo el guardia. Claro que no, carajo, respondió el colega. Mañana tengo el día libre. Voy a llevar a mi esposa y a los niños al estadio de beisbol. Vaya, replicó el guardia, quien te viera.

El guardia nos llevó hasta una puerta y se paró para darnos instrucciones antes de dejarnos pasar. Tienen cuarenta y cinco minutos de visita, nos dijo; les daré un aviso diez minutos antes de que su tiempo se termine. Usarán los teléfonos instalados en la pared junto a la ventana, agregó. Cada prisionero tiene un código para marcar. Esperen a que el teléfono suene antes de levantar el auricular, o no podrán efectuar la conexión. Hay unas sillas de plástico apiladas en la pared del fondo a la derecha. Tomen una al entrar a la sala y devuélvanla a su lugar cuando salgan. Mientras el guardia hablaba, me di cuenta de que sólo nos miraba a las mujeres y a mí, que nunca bajaba la mirada para dirigirse a los chicos.

Cuando abrió la puerta, me quedé detrás de ellos y esperé a que pasaran. El interior de la sala de visitas se encontraba muy bien iluminado con sus muros de bloque pintados de color marrón claro. Las dos mujeres cruzaron primero el umbral y se dirigieron directamente hacia la pila de sillas de plástico. El guardia cerró la puerta y caminó hacia un escritorio ubicado en una de las esquinas de la sala y se sentó detrás del monitor de una computadora. Los chicos se quedaron inmóviles a unos metros de la entrada, mirando a su padre que los saludaba detrás de una ventana de vidrio reforzada. Les sonreía de oreja a oreja, de pie y balanceándose de un lado a otro. Me arrodillé para hablar con los chicos. Vayan, les dije, yo iré por las sillas.

Cuando llegué hasta el vidrio, José Junior ya había tomado el auricular y hablaba con su padre. José llevaba la cabeza y la cara afeitadas de nuevo y volvía a lucir fuerte, como si hubiera recuperado el peso que perdió en el desierto. José Junior siguió de pie frente a la ventana, incluso aunque le coloqué una silla detrás. Hablaba emocionado con su padre sobre la escuela, sobre sus amigos de la iglesia. Le dijo a su padre que lo extrañaba, que la casa se sentía triste sin él.

Detrás de nosotros, el guardia se apartó del monitor y colocó algo dentro de un microondas sobre un mostrador junto al escritorio. Los pitidos del tablero resonaron en la sala y vi cómo el hombre se relamía los bigotes mientras esperaba de pie su comida. Observé a las mujeres sentadas a ambos lados de mí mientras hablaban con hombres vestidos de anaranjado, los rostros muy pegados al vidrio. Esto es amor, decía una mujer al teléfono. Todo sigue igual aquí afuera, decía la otra, en voz baja. Todo sigue igual.

Volví a mirar a José. Observé la forma en que inclinaba la cabeza mientras miraba a sus hijos a través del vidrio, la manera en que sonreía mientras escuchaba a José. Miré el movimiento de sus labios, la forma en que hablaba y reía. Era como mirar a un hombre al que le han bajado el volumen, pensé; un hombre que, a pesar de lo cerca que se encontraba, no podría ser escuchado ni siquiera si lloraba al otro lado del vidrio; ni siquiera aunque gritara.

Después de cerca de diez minutos, José Junior le pasó el teléfono a Diego. José sonrió con ternura mientras su hijo mayor le hablaba de futbol, de juegos en el parque con sus hermanos. Su rostro se tornó serio cuando Diego se puso a contarle de sus calificaciones, de la salud de su hermano menor, de todo lo que él hacía para ayudar a Lupe en la casa. Por momentos José bajaba la vista al suelo, cerraba los ojos y se frotaba el entrecejo. Mamá tiene muchísimo trabajo, le contó Diego, a veces se enoja con nosotros. Pero está bien, le dijo, sólo está cansada.

Diego dejó el auricular del teléfono sobre la repisa de la ventana. Mi papá quiere hablar contigo, me dijo. Oh, respondí. Seguro. Me levanté y jalé mi silla y la acerqué a la ventana. Cogí el auricular. Paco, me dijo José, sonriente. Le sonreí de vuelta. José. Hermano. Qué bueno verte y escuchar tu voz.

Lupe pasó al café por la mañana, de regreso de dejar a los chicos a la escuela, para entregarme un paquete de cartas que había reunido de familiares, amigos, vecinos, antiguos empleadores y miembros de su iglesia. Me había organizado para ir a dejarlas al bufete jurídico tan pronto terminara mi turno. Lupe me entregó el sobre y sonrió con timidez. Noté un dejo de aprehensión en su mirada, como si aún tratara de comprender la imagen de mí como agente de la ley, como si aún tratara de discernir en mí el rastro de alguna antigua oscuridad. Ha sido muy amable de tu parte ayudarnos, me dijo. Yo sacudí la cabeza.

No es nada. José es mi amigo. Aparté la mirada. Lupe echó un vistazo hacia la puerta. Tengo que alistarme para el trabajo, me dijo. Me darán turnos en el restaurante donde José solía trabajar. Qué bien, le dije. Estamos en contacto. Me dijo adiós con la mano y cruzó el patio en dirección a su coche.

Cuando terminé mi turno, conduje hasta la oficina de Elizabeth y me quedé sentado en el estacionamiento con el motor encendido. Abrí el sobre que contenía las cartas de José y comencé a hojearlas. Algunas estaban escritas a computadora, pero la mayor parte estaban escritas a mano, muchas de ellas en español. Todas comenzaban con alguna variación del "A quien corresponda". Se referían a José como a un hermano en Cristo, un hombre de familia, un buen padre, un esposo comprometido, una persona confiable, siempre trabajando arduamente, siempre ofreciendo ayuda con una sonrisa en el rostro, siempre riendo.

A quien corresponda, comenzaba una carta: Mi nombre es Brenda Collar, he vivido en los Estados Unidos por espacio de veinticinco años y ahora soy una orgullosa ciudadana de los Estados Unidos. Conozco a mi querido amigo y hermano José desde hace aproximadamente tres años. Ambos asistimos a la misma iglesia y colaboramos en el ministerio de acomodadores. Siempre es una gran alegría estar en compañía de José. Es un padre cariñoso y responsable para sus tres jóvenes hijos. José Martínez es un hombre trabajador que jamás ha dejado una tarea a medias. Sería un error dejar partir a un trabajador tan esforzado, un padre tan responsable y un amigo tan maravilloso. Por favor, considere mi testimonio, y si tiene alguna otra pregunta por favor no dude en contactarme.

Otro compañero de la iglesia de José escribió: José es un buen padre, un buen esposo y un buen empleado. Es un buen ejemplo de un buen ciudadano. Siempre ayuda a los demás en lugar de pedir ayuda para él.

Muchos familiares y amigos se esforzaron en escribir sus cartas de una manera que imitaba el lenguaje de los documentos oficiales: La que suscribe, Leticia Martínez, declaro bajo pena de perjurio que la información de esta declaración es verdadera y correcta a mi leal saber y entender. A quien corresponda: me llamo Leticia Martínez soy sobrina de José, él ha vivido en este país por muchos años, es una persona muy buena no bebe ni fuma ni usa drogas. Es una persona muy trabajadora y responsable ojalá le dieran la oportunidad de quedarse con sus hijos en este país. Muchas gracias por su atención a esta carta.

A quien corresponda, escribió otro hombre, sobre el asunto de que le permitan a José Martínez quedarse en los Estados Unidos. Yo Pablo G. Martínez creo que José M. debería poder quedarse en el país por las siguientes razones. Es un hombre muy trabajador que tiene dos empleos. Es jefe de familia, sin él su familia sufriría muchísimo tanto financiera como emocionalmente. Tiene tres hijos chicos que necesitan a su padre en sus vidas. Es una de las personas más respetables que conozco y definitivamente debería permitírsele permanecer en este gran país.

Lupe escribió una carta en español, en hojas de papel rayado tomadas de las libretas de sus hijos: Yo Lupe Balderas declaro que José Martínez Cruz es mi esposo desde el año de 1999. Tenemos tres hijos de 15, 10 y 8 años de edad. Siempre hemos sido una familia ejemplar, salíamos cuando mi esposo descansaba. Era el único que trabajaba. Tenía dos empleos y su tiempo libre lo dedicaba a nosotros. Mi esposo es un padre ejemplar y un esposo cariñoso. No bebe ni fuma ni consume drogas únicamente se dedica a hacer feliz a su familia pero ahora lo extrañamos muchísimo porque yo Lupe no puedo llevar a mis hijos al parque porque últimamente me encuentro indispuesta. Mi esposo llevaba a mis hijos a jugar futbol los miércoles y los fines de semana nos dedicaba su tiempo para comer juntos y salir y ahora lo extrañamos. Mi esposo nos ha brindado dieciséis años de felicidad y amor a mis hijos y a mí, pero no regresaremos a México porque mis hijos no conocen a nadie allá y no hablan casi español y es muy difícil adaptarse a otro país cuando toda su vida la han vivido aquí, nacieron aquí y están creciendo aquí. Nosotros como padres queremos lo mejor para nuestros hijos Diego, José Junior y Vicente. Extrañamos a mi esposo porque era muy responsable en casa. Soy su esposa y lo amo mucho y lo extraño. Diego, José Junior y Vicente lo extrañan. Te extrañamos mucho y esperamos en Dios que pronto podamos volver a estar juntos porque Dios no quiere ver a sus hijos separados.

Vicente Martínez, el hijo más pequeño de José, escribió su nombre en la cabeza de una carta garabateada con lápiz en una hoja de papel escolar. No había espacios entre las palabras y su redacción estaba repleta de errores ortográficos y letras al revés. Hola Papi te amo porque nos llevas al parque y jugamos futbol te extraño porque nos llevas a las tiendas y nos llevas cuando vas al trabajo para conseguir dinero para darnos de comer. Las dos últimas líneas de la carta de Vicente eran incomprensibles, una maraña de letras que por momentos se aproximaban a las letras y los sonidos del español. La palabra Dios alcanzaba a distinguirse, tal vez, igual que la palabra iglesia. Te extraño mucho, escribió claramente al final, en español.

José Junior había escrito la suya en dos medias hojas de papel. En una de ellas escribió una breve carta dirigida a su padre, muy parecida a la de su hermano pequeño. Al final de la misiva pegó con cinta adhesiva una foto de él tamaño cartera, con los bordes ajados. En la segunda hoja de papel, José Junior dibujó a su familia con las caras tristes en un campo de futbol; los monigotes llevaban los nombres de MAMÁ, HERMANO, HERMANO MAYOR. Debajo de este dibujo había otro, casi idéntico, sólo que en éste los rostros de las figuras de palos lucían sonrisas y había una figura adicional junto a ellos, señalada como PAPÁ.

Diego escribió una carta que proseguía a lo largo de varias hojas de papel. Con dos páginas y media, era la más larga del paquete.

En los párrafos iniciales, Diego parecía estar consciente de que muy probablemente su padre no vería ni leería sus palabras, y se esforzó en mantener un tono formal. Querido a quien corresponda, iniciaba la carta. Hola, soy Diego Martínez, soy el hijo de José Martínez, soy el mayor, tengo 15 años. Tengo dos hermanos menores. Uno tiene 10 y el otro 8. Estoy trabajando para que mis hermanos estén contentos, para comprarles lo que quieran y que estén contentos. Bueno mi papá José es el hombre más bueno, mi papá es como mi mejor amigo y mi padre. Yo trato a mi papá con mucho respeto, es el padre que cualquier niño quisiera tener. Mi mamá y todos en mi familia nos derrumbamos cuando vimos a mi papá en la corte, en la primera corte que tuvo, todos nos pusimos a llorar. Y en la segunda corte cuando su amigo del trabajo nos llevó a mí y a mis hermanos. Me dolió tanto escuchar su voz que me puse a llorar muchísimo. Extraño a mi papá, él siempre sabía cómo animarnos cuando estábamos tristes. Nos llevaba al parque los lunes y los miércoles a jugar futbol soccer con nuestros amigos de la iglesia, él se llevaba bien con todos en la iglesia, mi papá es la persona más increíble, el más amable, el más religioso, la persona más cariñosa, siempre hacía feliz a mi mamá, siempre nos hacía sonreír cada día y también es muy inteligente y muy divertido. Mi papá siempre tiene una sonrisa en la cara, siempre trata de ayudar a las personas que lo necesitan. Cómo me siento ahora que mi papá está en la cárcel, verlo así realmente me hace sentirme triste deprimido de que mi papá no esté aquí con nosotros, todos los que me preguntan por mi papá me hacen sentirme triste de tener que decirles que está en la cárcel. Mi corazón como que se detiene, se queda en silencio y se me rompe con cada carta que le mandan, era un hombre con una esposa y tres hijos. Todos y cada uno de los amigos que he tenido han querido mucho a mi papá porque nos llevaba a muchos lugares como cualquier lugar apropiado, las montañas del Oeste, los parques, muchos lugares en la ciudad. Mi papá hacía lo que fuera para hacernos felices, ahora mi vida es deprimente vacía ahora que mi papá no está aquí. Su lugar vacío le espera aquí. Mi papá es un hombre muy responsable. De pequeño mi papá estuvo siempre a mi lado y siempre estará a mi lado. Le ruego a Dios que mi papá siempre esté bien. Lo extraño tanto que ni siquiera puedo expresarlo y escribirlo. Te extraño mucho papá. Siempre nos dijiste que no miráramos atrás, que siempre viéramos para adelante gracias por siempre haber estado con nosotros y nunca abandonarnos papá. Te extrañamos mucho. Sólo recuerda que Dios está siempre a nuestro lado y que nunca nos abandona. Todos aquí queremos que salgas libre. Todas las personas de la iglesia y de sus dos trabajos lo extrañan mucho. Todo el mundo lo extraña, nadie quiere que lo regresen a México. Todos están rezando por ti, que te dejen salir a salvo y que sigas siendo el mismo José que conocemos. Papá hay torneo de futbol en la iglesia el veintiséis de este mes. Voy a meter goles por ti. Tú me enseñaste a jugar futbol y me dijiste que nunca me rindiera papá y voy a ganar un trofeo para todos. Estoy entrenando con todas mis fuerzas para mejorar cada día. Gracias a la persona que se tomó el tiempo de leer esta carta, lamento que sea tan larga porque de verdad amo mucho a mi papá, todos lo amamos y estamos muy tristes de que esté en la cárcel. Sinceramente, su hijo mayor Diego Martínez.

Mientras me dirigía a casa después de haber terminado mi turno en el café, la pantalla de mi celular se iluminó con un mensaje: Hey soy Diego, solo quería avisarte que van a deportar a mi papá en la noche.

Después, un par de horas más tarde, recibí un correo electrónico de Elizabeth Green: Desafortunadamente, acabo de recibir un mensaje del Oficial de Deportación informándonos que nuestras solicitudes de discrecionalidad judicial y de aplazamiento fueron denegadas.

Sé que nadie quiere escuchar estas noticias. José era un buen candidato y contaba con más apoyo del que jamás he visto en ninguna de mis otras demandas. No dieron ningún motivo para justificar la denegación. El mensaje indica que José será remitido a México esta noche.

Me quedé mirando la pantalla y pensé en Lupe y en los niños. Me pregunté dónde dormiría José aquella noche.

Por la noche recibí un mensaje de texto de Lupe: Discúlpame ¿puedes hablarle a la abogada? José tiene que ver a mi bebé porque se cayó y lo van a operar. Llamé a Lupe enseguida. Vicentito está en el hospital, me dijo, se cayó jugando futbol en el parque. Van a ponerle tornillos en el brazo. Le dije que lo lamentaba mucho, que la ayudaría en todo lo que pudiera. ¿Pero para qué necesitaba que yo hablara con la abogada?, le pregunté. Oh, respondió precipitadamente, para que José pueda venir a ver a Vicente antes de que se lo lleven. Sonaba angustiada, al borde de la desesperación; algo en su voz que hasta aquel momento jamás le había escuchado. No hay manera de localizar a José, le expliqué. Está bajo custodia de los agentes de inmigración, lo están llevando de regreso a la frontera. La abogada no puede contactarlos. Oh, la escuché murmurar. Traté de decirle algunas palabras de consuelo. Estoy seguro de que José te llamará cuando esté del otro lado, le dije. Lupe se quedó callada. Está bien, dijo finalmente. Entiendo.

Llamé a mi madre mientras caminaba temblando en la oscuridad por las calles de mi barrio. Me preguntó cómo estaba y, sin pensarlo siquiera, respondí que bien. No te escuchas bien, me dijo ella. ¿De qué hablas?, le respondí. Mi madre suspiró. Soy tu madre, me dijo, puedo sentirlo. Has estado muy distante. Había tensión en su voz. Siento lo mismo que sentía antes, dijo finalmente. Dejé de caminar. No entiendo, le dije. Se siente como cuando estabas en la frontera, me dijo. Todos esos años yo sabía que había cosas que te pesaban, pero mis preguntas siempre te exasperaban, no podía preguntarte qué era, no podía demostrarte mi preocupación. No podía comunicarme contigo. No quiero que eso pase de nuevo. Estoy demasiado casada para soportarlo.

Me quedé un instante parado a la orilla de la calle, mirando las casas de mis vecinos. Finalmente me senté en la acera. ¿Cuándo lo supiste?, le pregunté. Ella suspiró. Fue algo que desapareció de tu conversación, me dijo. No sé cómo describirlo. Pensó en una mejor forma de explicarlo. Recuerdo una historia que me contaron en la escuela católica, me dijo. Había un niño brillante, un prodigio de la música. Podía tocar cualquier instrumento, podía escuchar el canto de las aves y convertirlo en música. A una edad muy temprana fue enviado lejos para ser educado por monjes. Cuando llegó al monasterio, los monjes le prohibieron escuchar cualquier música con excepción de la suya; le prohibieron escuchar a todos los grandes compositores. Querían que escribiera y creara su propia música, y durante muchos años el muchacho lo hizo: creo las obras más fenomenales. Pero al crecer un poco se sintió frustrado. Quería estudiar y escuchar otros tipos de música. Así que un día se escapó del monasterio. Fue a una ciudad cercana y entró en una sala de conciertos, donde escuchó a Mozart. Regresó al monasterio y no le contó a nadie lo que había hecho y siguió creando música igual que antes. Un par de días más tarde de su escapada, los monjes lo oyeron tocar y le pidieron que se detuviera. Has roto la regla, le dijeron. El muchacho los miró con espanto y les insistió que no, no la he roto, no la he roto, no la he roto. Pero los monjes menearon las cabezas y dijeron, sí, la has roto, has descubierto a Mozart. No, respondió el chico, ¿cómo pueden saberlo? Y ellos le respondieron: porque cuando tocabas sin conocerlo, tocabas a todos los compositores, y ahora Mozart ha desaparecido.

Mi madre se quedó callada al terminar de contar la historia. Me quedé ahí sentado en la acera, con la espalda encorvada y el teléfono pegado a la oreja. Es mi amigo, le dije finalmente, lo deportaron. Sentía que me ahogaba. Temo por él, le dije, temo por su familia.

Es como si todos estos años hubiera estado caminando en círculos debajo de un gigante, con la mirada clavada en su pie posado sobre la tierra. Pero ahora, le dije, es como si hubiera empezado a levantar la cabeza, a ver por fin al gigante que aplasta.

Lupe me contó por teléfono que José estaba a salvo. Está en la frontera, me dijo, se está quedando con un hombre de nuestra iglesia. Tiene comida y refugio ahí. Gracias a Dios, repetía una y otra vez, bendito sea Dios. Me dijo que José aún no había decidido cuál sería su siguiente paso, pero que estaba buscando a alguien que pudiera volver a cruzarlo. Yo quería decirle a Lupe que no, que José no debía arriesgar su vida, que debía buscar otra manera; pero yo sabía, con descorazonadora certeza, que para José ya no había otra manera, así que guardé silencio.

Le pregunté a Lupe por los niños y me dijo que un tío suyo con papeles se había ofrecido a cruzarlos a México para que pudieran ver a su padre. Les hará bien verlo en otro lugar que no sea la cárcel, me dijo; les hará bien poder abrazarlo. Añadió que le gustaría poder llevar a los niños ella misma, poder ver a su esposo con sus propios ojos.

Una semana más tarde volví a llamar a Lupe, para ver cómo iban las cosas. ¿Tus hijos pudieron ver a José?, le pregunté. Sí, dijo ella, todos menos Vicente. Le acaban de poner un yeso en el brazo. Está un poco triste, me dijo, no ha podido ver a su papá desde la corte. Lupe me contó que José seguía en la frontera, que pensaba cruzar pronto, tal vez ese fin de semana; que le había dicho que todo estaba bien, que no se preocupara.

Varios días más tarde, Lupe me mandó un mensaje de texto: José me dijo que iba a pasar el domingo, que atravesaría el desierto, pero ahora estoy preocupada porque ya pasaron tres días y no sé nada de él.

Y luego, un par de días más tarde: Buenos días, José regresó a la frontera, la migra lo persiguió pero su grupo se dispersó y no lograron atraparlo, gracias a Dios. Tiene mucho dolor y fiebre. Necesita descansar.

Sueño que estoy en el trabajo, que Diane está sentada en la barra bebiéndose un *latte*. Mira, me dice Diane, señalando hacia el patio, del otro lado de las puertas abiertas. Es José. Me asomo y veo a un hombre demacrado, de barba gris, deambulando lentamente sin rumbo por la vereda. Abandono el mostrador y me dirijo hacia él. Lleva puesta una gorra negra de beisbol y una playera gris que cuelga de sus hombros flacos. José, le digo, has regresado. Tiene los ojos hundidos en las cuencas y su rostro luce oscuro y avejentado. He estado en el desierto, me dice. Hay cosas que podría contarte.

Me topé con Diane y sus hijos en la cola del supermercado. Oye, me dijo, mientras luchaba por arrancar una barra de chocolate de las garras de su hijita de cinco años, quiero hacerle un regalo de navidad a la familia de José. Los niños recaudaron dinero en una venta de pasteles y quieren dárselo a Lupe y a los niños. Qué lindos, dije. Miré a la hija de Diane, que giraba en círculos junto al estante de las revistas. ¿Tienes idea de qué les gusta a los niños?, me preguntó Diane. Sé que les gusta el futbol soccer, le dije. Podría conseguirles un certificado de regalo de la tienda de deportes, sugirió ella. Y tal vez un certificado de la tienda Target para Lupe. Podría comprar lo que ella quisiera ahí, ya sabes, cosas para la casa, útiles escolares, ropa para los chicos. Sonreía. Sería fantástico, le dije, estoy seguro de que lo apreciarán. Diane extendió la mano para evitar que su pequeño hijo, sentado en el asiento del carrito de compras, ingiriera un tubo de protector de labios. Suspiró. Lo lamento, dijo. Si te entrego los certificados de regalo a finales de esta semana, ¿crees que podrías llevárselos a Lupe de mi parte? No hablo nada de español, dijo, no podremos entendernos. Asentí. Claro, le dije.

En la puerta de su remolque, Lupe se cohibió cuando le extendí el sobre. Es demasiado, dijo, no puedo aceptarlo. Los niños de Diane recaudaron el dinero, le dije. Quieren dártelo. Lupe suspiró y alzó la cara el cielo con aire de resignación. Es un regalo, le dije, ya casi es Navidad. Lupe miró al sol con los ojos entornados y luego tomó el sobre y bajó la cabeza. No sé cómo agradecérselos, dijo. ¿Podrías decirle lo agradecida que estoy?

Antes de irme, le pregunté a Lupe por José. Oh, respondió ella, las cosas están algo complicadas ahora, un poco difíciles. Me dijo que José había vuelto a cruzar pero que la Patrulla Fronteriza lo había detenido. No tuvo que ir a la corte, dijo, no lo mandaron a la cárcel, pero se lo llevaron lejos en autobús, muy lejos de aquí, lo deportaron en Mexicali. A veces hacen eso, le dije, para que les sea más difícil cruzar en el mismo lugar. Bueno, dijo, José sigue intentando pasar de este lado, pero ha tenido problemas con los coyotes. ¿Cuál es el problema?, le dije. Lupe entrelazó sus manos a la altura de su vientre. Es sólo que les tiene un poco de miedo. Guardó silencio. Yo también tengo miedo, añadió.

Le pregunté qué había pasado y ella se quedó mirando a lo lejos y comenzó a retorcerse las manos. Lo que pasó fue que tres o cuatro días después de que José cruzó yo aún no sabía nada de él. Una mañana recibí una llamada de un hombre que me dijo que necesitaban más dinero para traer a José a la ciudad. Dijo que José estaba en una casa de seguridad y que necesitaban mil dólares para traerlo hasta acá. Le pedí que pusiera a José al teléfono para saber que me estaba diciendo la verdad, pero el hombre me dijo que no estaba con él. Me dijo que José estaba bien, que debía confiar en él, que sólo necesitaban esos mil dólares extra para finalizar el viaje. Le dije al hombre que me llamara de nuevo cuando estuviera con José. Le daré el dinero cuando hable con él, le dije, y colgué.

Lupe empezó a hablar más despacio, arrastrando las palabras y como mascullándolas de lado. El resto de la mañana no supe ni qué hacer. Llevé a los niños a la escuela, no les dije nada de la llamada.

Regresé a casa y durante un buen rato nomás me quedé sentada tratando de pensar qué hacer. Finalmente fui a sacar el dinero del banco. No dejaba de temblar.

Aquel mismo día, por la tarde, prosiguió, dos hombres vinieron a tocar a la puerta antes de que anocheciera. Me dijeron que más valía que les entregara el dinero ahí mismo, si quería que José pudiera regresar a casa. Los chicos ya habían vuelto de la escuela y estaban en casa, dijo, no entendían qué estaba pasando. ¿Qué se suponía que debía hacer? Alzó las manos en un pequeño gesto de rendición. Estaba asustada, me dijo. Alzó los hombros y sacudió la cabeza y se estremeció. Yo tenía ganas de extender mi mano y tocarla.

Los hombres tomaron el dinero y se fueron, prosiguió Lupe. Dijeron que no me preocupara, que traerían a José por la mañana. Esa noche no pude ni dormir, no sabía qué hacer. Lupe comenzó a retorcer sus manos de nuevo. Para la tarde del día siguiente, los tipos aún no habían venido, así que llamé al número de donde me hablaron el día anterior. Un hombre distinto me contestó. Me dijo que no sabía de qué le estaba hablando y que más valía que me calmara, que debía ser paciente y esperar, y que no volviera a llamar de nuevo a ese número, si sabía lo que me convenía. Me sentía tan desesperada, estaba como fuera de mí.

Finalmente, José llamó esa misma noche, ya tarde. Estaba en Mexicali, acababa de ser deportado. No tenía la menor idea de lo que le estaba hablando: nunca estuvo en una casa de seguridad, nunca estuvo con esos hombres. Estaba tan enojado que llamó al hombre con el que había hecho el trato para que lo pasara. ¿Qué vas a hacer con el dinero que le quitaste a mi esposa?, le dijo. ¿Vas a usarlo para cruzarme por la frontera, para llevarme con mi familia? El hombre le dijo que no sabía de qué le estaba hablando; le dijo que debía pensársela dos veces antes de hacer acusaciones, y después le advirtió que no quería volver a verlo; que si volvía a verlo iba matarlo.

Lupe se quedó callada un buen rato antes de encogerse de hombros. José dice que son puras amenazas, puras palabras, me dijo. Está de vuelta en la frontera, pero se está quedando en otro lugar, en una parte distinta de la ciudad. Volvió a alzar la mirada hacia el sol y entornó los ojos. Dice que está a salvo ahí, pero no sale mucho, no quiere que lo vean en la calle, sólo por si acaso.

Le pregunté a Lupe si José planeaba cruzar de nuevo. Yo creo que sí, dijo. Pero ahora las noches son muy frías, y necesita encontrar a alguien nuevo que lo lleve. Se frotó los brazos. Va a esperarse un tiempo, creo, hasta que sea un buen momento, hasta que encuentre alguien de confianza. Aparté la mirada y negué con la cabeza. Quería confesarle que deseaba tener el valor para cruzar a José yo mismo, para transbordarlo con seguridad a través del desierto, lejos de los sensores y las torres de vigilancia, lejos de los agentes que patrullan senderos remotos y caminos de terracería; lejos de los retenes en las carreteras. Que deseaba poder llevarlo en mi auto, sentado junto a mí, escuchándolo hablar del amor que sentía por su madre fallecida, por los verdes montes de Oaxaca, por las calles y los arcos de su pueblo. Que deseaba que pudiéramos conducir juntos a través de la noche, lejos de los campos distantes y de las prisiones a las afueras de la ciudad, con sus luces relucientes esparcidas en el amplio valle que se extendía a nuestros pies. Que deseaba que pudiéramos abrirnos paso a través de las calles vacías y las intersecciones desiertas, pasar frente al juzgado y el mercado para finalmente llegar a su barrio, al parque de remolques, a la puerta del hogar en donde Lupe estaría esperándolo con sus tres hijos, que ya no tendrían miedo de despertar.

En Navidad, viajé al hogar de mi infancia para estar con mi madre. Por la noche, nos sentamos en torno a un pequeño árbol y abrimos un solo regalo. Más tarde nos quedamos en la sala bebiendo rompope y brandy, y conversando y guardando silencio alternadamente. Mientras la noche transcurría, mi madre me preguntó por José. Aún te siento distante, me dijo. Yo me quedé mirando las esferas de vidrio que colgaban de las ramas de plástico de nuestro arbolito artificial. No sé qué hacer, le confesé. Siento dolor, siento sufrimiento, pero no es mío. Mi madre tomó asiento frente a mí. Es como si… Guardé silencio y miré a mi alrededor, buscando las palabras adecuadas. Es como si nunca hubiera renunciado, susurré finalmente. Es como si todavía formara parte de esta cosa que aplasta. Mi madre hizo un ruido, como si estuviera tomando aire, como si estuviera a punto de decir algo. Han pasado casi cuatro años desde que renuncié, le dije, pero cuando estoy en el juzgado, cuando estoy con los abogados, cuando estoy en la cárcel, es como si algo en mí aún perteneciera a todo eso. Me incliné hacia delante y me mesé los cabellos.

¿Sabes?, me dijo mi madre, está bien sentir el dolor. Por supuesto que el dolor de José no es tuyo, por supuesto que el sufrimiento de su familia no es tuyo. Pero es tu amigo, así que tienes que darte permiso de afligirte por él, permiso para lamentarte de que no pueda estar aquí. Sacudí la cabeza. Pero la situación de José no es única. Hay miles de personas igual que él, miles de casos, miles de familias. Millones, de hecho; la idea es simplemente agobiante. Mi madre asintió. Es verdad, dijo, pero también es verdad que para su familia, y también para ti, José es único. Sí, seguramente hay miles o millones de personas en su misma situación, pero es justamente a causa de él que su situación ya no es algo abstracto para ti. Ya no estás desconectado de lo que significa enviar a alguien al otro lado de la frontera. Sabes qué es lo que lo mantiene lejos, lo que lo mantiene separado de su familia. Es algo muy cercano a ti, algo que se ha convertido en una parte tuya.

Mi madre le dio un largo trago a su rompope. ¿Sabes?, me dijo, el primer trabajo que tuve fue en el Museo del Desierto, en Tucson. Yo era apenas una adolescente y todo lo que quería, más que nada en el mundo, era estar cerca de los animales. Había un hombre allí, un hombre llamado Merritt Keasey, que me tomó bajo su tutela. Él me permitía que lo siguiera por las exhibiciones y me dejaba que lo ayudara a alimentar a los animales y a limpiar sus jaulas. Recuerdo cómo alimentaba a las serpientes a diario: agarraba unas ardillas terrestres pequeñitas, las sujetaba de las patitas traseras y azotaba sus cabezas contra el mostrador para matarlas de un solo golpe. Luego se las arrojaba a las serpientes, de modo que los cuerpos de las ardillas aún estuvieran calientes. Un día traté de rescatar a una de las ardillas: la metí a escondidas en mi bolsa y la traje a casa. Por varios días traté de cuidarla, hasta que eventualmente me di cuenta de que había fracasado, de que el animal estaba muriendo, y que yo era la única responsable de haberlo matado. Cuando la pequeña ardilla ya no podía moverse, la agarré de las patitas traseras y traté de darle fin de la misma forma en que había visto a Merritt Keasey hacerlo. La azoté contra una mesa y la tiré al suelo. Cuando finalmente tuve el valor de mirar el cuerpo, me di cuenta de que la ardillita seguía viva, y que uno de sus ojos se le había salido. Me entró el pánico y la agarré de las patas y azoté su cabeza una y otra vez contra el suelo, llorando hasta que supe que finalmente había muerto.

Mi madre suspiró y me miró a los ojos. Al devolverle la mirada me di cuenta de que yo había estado apretando los dientes. Todavía cargo eso conmigo, dijo mi madre. Nunca lo olvidaré mientras viva. Miró el fondo de su vaso de rompope. Lo que quiero que entiendas es que aprendemos a ser violentos mirando a los demás, mirando cómo la violencia es consagrada por las instituciones. Y entonces, sin que tengamos siquiera que elegirla, se convierte en algo normal para nosotros, se convierte en parte de lo que somos. Mi madre se había inclinado hacia mí mientras hablaba y yo me pregunté si extendería su mano hacia mí para tocarme.

Hay una parte tuya capaz de ser violenta, me dijo, y tal vez tú quieres deshacerte de ella, limpiártela de encima, pero no es tan fácil. Me apoyé en el respaldo de mi asiento y miré al techo mientras escuchaba las palabras de mi madre. Pasaste casi cuatro años en la frontera, dijo. No sólo observaste la realidad, participaste en ella. No puedes existir al interior de un sistema por tanto tiempo sin terminar implicado, sin absorber su veneno. Y déjame decirte que no es algo que va a desaparecer lentamente. Ya forma parte de la persona en la que te has convertido. Así que, ¿qué vas a hacer? Lo único que puedes hacer es tratar de encontrar algo que la contenga, una manera de no perder el propósito de todo.

Durante un largo rato bajé la mirada y contemplé mis manos, tratando de controlar la emoción que subía hasta mi rostro. Pensé en mis sueños, en todos los terrores que nunca compartí con mi madre. Finalmente alcé la mirada y la miré a los ojos. Soñé que José regresaba, le dije. Que venía al trabajo. Estaba flaco, con la barba crecida y el rostro cansado y extenuado. Había estado en el desierto durante días, tal vez una semana o más, y aún parecía perdido. Era como si tuviera algo que contarme, pero no sé qué era. Mi madre se quedó pensando un instante, apoyada en su asiento. ¿Sabes?, dijo, muchas culturas creen que nuestras almas viajan de noche, que abandonan nuestros cuerpos para visitar a la gente que nos importa. Así que tal vez José vino a visitarte. Mi madre le dio el último trago a su rompope. O tal vez tú necesitas visitarlo, sugirió, mirándome desde el otro lado de la habitación. Tal vez tú necesitas ir a su lado y escucharlo.

Mira, aquí la ley viene de los narcos. Puedes verlos patrullando las calles. Yo mismo los he visto, manejando por el barrio en convoyes, parados en la parte de atrás de las camionetas, con armas y máscaras. Todos los que viven aquí saben quiénes son los jefes, conocen de vista a los líderes locales. Si hablas en la calle, si dices algo en contra de los narcos, la gente te oirá. Cualquiera podría delatarte, nunca sabes quién trabaja para ellos. Nadie ve nada si secuestran o matan a alguien en la calle. Nadie nunca los denuncia. Todos aquí se conocen, todos conocen a alguien que está metido en el negocio, ¿ves?

Cuando algún extraño camina por las calles, los narcos lo saben enseguida e inmediatamente averiguan quién es. Siempre están preocupados de que otras mafias vengan. Por ejemplo, cuando me llamaste y me dijiste que querías visitarme, fui con Ignacio a la casa de empeño calle abajo. Le dije que un viejo amigo del trabajo iba a venir a ver cómo estaba, cómo me va. Se lo dije casualmente, como si nada. Pero la verdadera razón de habérselo dicho es porque él conoce gente, así que cuando alguien pregunte: ¿Quién estaba platicando con José en la calle esta mañana? ¿Quién fue a la casa de José a hablar con él?, él podrá decirles: Ah, no se preocupen, no es nadie, sólo era un amigo del trabajo de José.

Veo todo esto y pienso en mis hijos. Por un tiempo, ¿sabes?, hace un par de meses, después de que intenté cruzar tantas veces, comencé a pensar que tal vez mi familia podría venirse a vivir a México, hasta que Lupe y yo arregláramos nuestros papeles. Hasta se los dije por teléfono a los muchachos. Pero ellos me dijeron: No queremos vivir en México. No conocemos a nadie. Nos gusta vivir aquí, dijeron, nos gusta nuestra escuela. Y se pusieron a presumir lo bien que les estaba yendo en sus clases. José Junior me contaba por teléfono de su última boleta de calificaciones. Papá, me dijo, saqué puras As y sólo una B. Lo hice para que te sintieras orgulloso.

Y cuando me puse a reflexionar de verdad sobre el asunto, me di cuenta, como buen padre, de que nunca podría traer a mis hijos a vivir aquí. Pienso mucho en el ambiente que hay aquí en México. Aquí es normal que los niños escuchen hablar de asesinatos. Hay una escuela aquí cerca, bajando la calle; todos los días paso caminado frente a ella. Veo cómo los niños juegan a matarse en el patio. Te voy a matar, se dicen unos a otros, soy pistolero, soy narco. Así que me pongo a pensar en el tipo de mentalidad a la que mis niños se expondrían. No quiero que mis hijos crezcan así.

Aquí las cosas pueden ir de mal en peor muy rápido. La mentalidad de un chamaco puede cambiar muy rápidamente. Ven que la delincuencia es fácil, que no tienen que estudiar para tener dinero, para tener éxito, y así acaban trabajando para los cárteles, se asocian con los narcos a una edad muy temprana.

México podría ser un gran país, un país rico, un país de oportunidades. Este país tiene muchos líderes, pero nadie los educa, nadie los valora, y terminan en la mafia. Y como verás, así inicia un ciclo: ¿Cómo podría el gobierno preocuparse por sus ciudadanos si está dirigido por la mafia? ¿Y cómo podría la mafia dirigir a la sociedad si sus líderes no tienen educación? ¿Supiste de esos cuarenta y tres estudiantes que desaparecieron? Estaban estudiando en una escuela rural para convertirse en maestros. Desaparecieron hace más de un año y nadie sabe qué les pasó. Probablemente los mataron los narcos, algún cártel. Los acusaron de haber causado problemas porque eran activistas políticos, porque estaban protestando por un mejor transporte, por más apoyo por parte del gobierno local y estatal. Pero el gobierno está en manos del cártel, así que no se interesa en ellos, no los protege.

Esos estudiantes habrían crecido para convertirse en maestros, podrían haber sido futuros doctores, futuros presidentes. Pero en México la educación no significa nada. Si nuestro gobierno valorara a esos estudiantes, habría hecho alguna investigación, habría hallado la causa, habría hecho algo para solucionarla, para asegurarse de que nunca volviera a pasar. Un gobierno debe cuidar a sus ciudadanos. La gente del gobierno debe esforzarse en proteger a sus semejantes. Pero aquí no tenemos un gobierno de verdad. No voy a traer a mis hijos a vivir a este país.

En los Estados Unidos, al menos, el sistema está mejor organizado; las leyes se respetan, no hay tanta corrupción. El sistema allá no deja a la gente en la ignorancia, no los deja morirse de hambre, no los deja morirse sin nombres, sin una investigación de sus muertes. Es por eso que siempre les enseñé a mis hijos a respetar a la autoridad, a ser agradecidos con la ley, incluso con la policía. Durante muchos años trabajé en un restaurante Chipotle. Empecé en el puesto más bajo, parado junto a la caja registradora, limpiando las mesas, barriendo los pisos. La policía iba todo el tiempo a ordenar comida y yo era amable con ellos. Empezaron a reconocerme; después de un rato hasta se aprendieron mi nombre. Con el tiempo fui ascendiendo en el restaurante, hasta que me convertí en el cocinero principal. Todos con quienes trabajé decían que yo era el mejor cocinero que habían visto, que podía hacer el trabajo de dos hombres. Los policías me veían cocinando en la parte de atrás y me gritaban. ¿Qué onda, José, cómo va todo? Un día fui al restaurante en mi día libre para recoger mi cheque, iba con mis hijos y cuando entramos al local había una mesa llena de oficiales de policía almorzando. Se levantaron para estrecharme la mano. José, dijeron, qué gusto verte, ¿éstos son tus hijos? Hasta les dieron la mano a mis hijos. Los niños no podían creerlo. Cuando nos fuimos, Diego me preguntó: ¿de qué te conocen esos policías, papá? De que somos amables entre nosotros, le dije, eso es todo. Nos tratamos unos a otros con respeto.

El otro día estaba al teléfono con Diego, me decía que quería cambiar de clase, se quejaba de que creía que su maestra era racista con él por ser mexicano. Yo le dije, debes aprender a hacer lo que tu maestra diga. Si crees que es racista, habla con tu familia, reúnete con tu maestra. No puedes rendirte sólo porque crees que alguien está en tu contra, sólo porque es difícil enfrentarlo. Trato de enseñar-les a mis hijos a no consumirse en las batallas, a no rendirse ante los vicios, a trabajar duro para convertirse en alguien en la vida.

Cuando Lupe y yo nos casamos, el pastor nos dijo que era muy importante formar una familia, que para los niños era muy impor-tante que sus padres estuvieran juntos. Es de mucho valor una familia unida. La familia debe permanecer junta. Si me quedo en México y mi esposa debe criar sola a nuestros hijos, ellos recibirán menos atención, menos amor, y así la familia poco a poco se deteriorará. Ser padre es un trabajo compartido, un trabajo en el que hay que estar presente. Cuando estuve en la cárcel, en el lugar a donde llevaste a los niños para que me visitaran, estuve con muchos otros que habían regresado a México para estar con algún familiar moribundo, gente con familia en los Estados Unidos, familia en los dos lados. Empecé a ver que mucha gente que había sido separada de su familia caía en depresión o se enfermaban de otras cosas. Un hombre de la prisión, un hombre que estaba en la misma situación que yo, me dijo que su esposa se deprimió tanto mientras él estaba afuera que sufrió un colapso y tuvieron que llevarla al hospital.

Algunos políticos de los Estados Unidos creen que deportando a una madre o a un padre harán que el resto de la familia se regrese a

México. Pero en realidad las madres y los padres con los mejores valores familiares querrán que su familia se quede en los Estados Unidos, y cruzarán la frontera una y otra vez para estar con ellos. Así que son estas mismas personas, las más dedicadas a sus familias, las que empiezan a acumular un historial de deportaciones, van teniendo cada vez más problemas con el gobierno, y se vuelve más y más difícil para ellos legalizarse. De esta forma, Estados Unidos convierte en criminales a los que podrían ser sus mejores ciudadanos.

Yo le debo muchísimo a los Estados Unidos, ¿sabes? De verdad que sí. Los Estados Unidos me han dado mucho. Mi madre construyó su casa en Oaxaca con el dinero que gané trabajando allá. Siento que fui bendecido allá, así que no quiero tener problemas con el gobierno. Quiero legalizarme, quiero conseguir un abogado. Quiero volverme ciudadano.

Para serte honesto, yo estoy muy agradecido con los Estados Unidos. Si me arrestan por pasar la frontera, entiendo que es parte del sistema. Entiendo que estoy cruzando ilegalmente. Pero es complicado, ¿ves? Sé que estoy rompiendo las reglas, pero es necesario hacerlo pues mi familia está allá. No quiero dañar al país, pero tengo que romper la ley. Tengo que hacerlo. Es una necesidad. Es un asunto de sentimientos, de amor. Los que aceptan vivir lejos de sus familias no tienen amor. Sus hijos crecen sin amor. Y yo debo luchar contra eso.

Sé que hay leyes, sé que deben ser respetadas, pero al mismo tiempo esas leyes me hieren, hieren algo en mi interior. Mis hijos me quieren allá, mi esposa me quiere allá, todos ellos piden que me quede, pero el gobierno nos está separando. Si busco en mis sentimientos, no encuentro nada más que tristeza. El día que me viste en la corte, el día que vi a mi familia allá, era como si el gobierno estuviera destruyendo a mi familia, destrozándola ante mis ojos. Podía sentir el poder que detentan sobre nosotros.

No debí haberme ido de Estados Unidos, es verdad. No debí haber dejado a mi familia, pero no hubiera podido vivir sin ir a ver a mi madre. Recuerdo haberme dicho a mí mismo: mi madre está muriendo y tengo la posibilidad de estar con ella, debo hacerlo. No fue una elección para mí, no había otra opción. Y es por eso que estoy aquí, por amar demasiado a mi madre. Ahora me siento en este cuarto y miro los montes por la ventana. Esos montes que se ven ahí, ésos son los Estados Unidos. Antes podía subir y correr por esos montes. Pero ahora hay una barrera. La odio, la odio. Es una sensación brutal.

Cruzar ahora es mucho más peligroso que nunca. No es nada fácil. He tratado de pasar cuatro veces en seis meses y todavía no logro cruzar. Y cada intento te roba algo. Y, claro, cada intento cuesta dinero. La gente en mi situación, la gente que lo intenta una y otra vez, terminan por caer en la desesperación. Tratan de encontrar maneras más fáciles de cruzar, más baratas. Por pura desesperación he llegado a pensar que podría cruzar como mula de los narcos. Así sale más barato, ¿sabes? Los coyotes te dan un paquete de mariguana para que lo cargues en la mochila y les pagas la mitad de lo que pagarías en otro lado. Cruzas con un grupo de mulas y a tu coyote lo van guiando todo el tiempo los vigilantes desde la cima de las colinas, y así hay menos chance de que te atrapen. Si logras llegar bien del otro lado, te dan un pago. Recuperas el dinero que les pagaste y a veces hasta ganas más. Pero es un riesgo, claro. Si te captura la migra te inscriben en la computadora como traficante de drogas, y nunca podrás legalizarte. Y el cártel se pondrá en tu contra también, porque perdiste su cargamento. Te vuelves víctima de los dos sistemas.

No quiero transportar drogas a través del desierto, no quiero meterme en más problemas, pero a veces no hay otra opción. Las mismas personas que controlan el tráfico de drogas controlan el tráfico de gente, de manera que, en ciertos lugares, si quieres pasar tienes que llevar droga. Incluso he oído que a veces te matan si te niegas a hacerlo. Un hombre en la cárcel me dijo que hay tumbas masivas en el desierto, donde mucha gente está enterrada por ese motivo.

Conocí a otro hombre en la cárcel, un michoacano que cruzó con un grupo de ochenta y cinco. Cada vez que el grupo se detenía, él se ponía a contar a la gente, y cada vez el número era menor. En el grupo había una mujer que estaba cruzando con su hijita de cinco años. La niña estaba exhausta, quería agua y no había. El michoacano se ofreció a cargar a la niña sobre sus hombros y la mujer se lo agradeció. Después de un rato, el hombre se dio cuenta de que la niña no se movía ni decía nada, así que la bajó de sus hombros y se dio cuenta de que estaba muerta. La madre, por supuesto, estaba fuera de sí, se puso histérica. Los coyotes les dijeron que tenían que seguir avanzando, que debían dejar el cuerpo de la niña allí. El hombre discutió con ellos. Yo cargaré el cuerpo, les dijo. Tres o cuatro kilómetros después, la madre de la niña también murió. El hombre se peleó con los coyotes. Tenemos que enterrarlas, les dijo, tenemos que avisarle a alguien dónde están. No, dijeron los coyotes, tenemos que seguir avanzando. Ven con nosotros o quédate, tú decides. El hombre gritó y lloró. Son unos criminales, les dijo a los coyotes, son unos desalmados. Hizo todo lo posible por recordar el sitio en donde dejó los cuerpos, todo lo que pudo para guardar la imagen de aquel lugar en su mente.

Más tarde, cuando llegaron a la carretera, varias camionetas y vagonetas los recogieron. El michoacano terminó en una camioneta que la policía empezó a perseguir en la autopista. Durante la persecución, dos hombres se cayeron de la batea, me contó, y no volvió a saber nada de ellos. El conductor logró burlar a la policía y entregar a los migrantes en una casa de acogida donde pidieron rescate por ellos. A algunos los metieron en otro cuarto y los torturaron o los mataron. Después de varios días algunos hombres comenzaron a pelearse con los traficantes y uno de ellos rompió una ventana y se escapó. La policía lo encontró y él les dijo de la casa de seguridad, y poco después el lugar fue cateado por agentes de inmigración. A los traficantes los arrestaron y a los migrantes los procesaron para su deportación. El michoacano les contó a los agentes de la niña y su mamá, les dijo dónde podían hallarlas. Los agentes subieron al hombre a un helicóptero y volaron por el desierto, y aunque no lo creas, lograron encontrar el sitio. En el suelo descubrieron el cuerpo de la mujer, ya descompuesto. Los animales la habían encontrado. La niña también estaba pero le faltaba una pierna. Me contó que hasta los agentes se pusieron a llorar. El michoacano era un tipo tranquilo, un hombre de familia como yo. Pero me dijo que, si alguna vez llegaba a encontrar a uno de esos hombres, si alguna vez llegaba a ver a uno de esos coyotes, los mataría.

Así que ya ves, cada vez que cruzo arriesgo mi vida. Cuando te paras en el consulado mexicano puedes ver las fotografías de los desaparecidos. Todos los que cruzamos nos exponemos a esta posibilidad. Sabemos que hay peligros en el desierto y en las montañas. La mafia, la migra. Hay pumas, serpientes. Barrancos y precipicios. Y nada de agua. Hay muchos peligros, pero a mí eso no me importa. Tengo que cruzar, tengo que llegar al otro lado. Hasta sueño con que ya estoy allá. Sueño que estoy allá con mi familia, que es de mañana y que tengo que ir a trabajar. Luego despierto y veo que sigo aquí.

Los jueces en los Estados Unidos, si supieran la realidad, se darían cuenta de que están mandando a la gente a la muerte. Están mandando a la gente al suicidio. Haría lo que fuera por pasar al otro lado. Para serte honesto, preferiría estar encarcelado en los Estados Unidos y así poder ver a mis hijos una vez a la semana a través de un vidrio, que estar aquí separado de mi familia. Al menos así estaría cerca de ellos. Así que ya ves, no hay nada que pueda evitar que yo cruce. Mis hijos no son perros para ser abandonados en la calle. Caminaré por el desierto durante cinco días, ocho días, diez días, lo que haga falta para estar con ellos. Comeré pasto, comeré arbustos, comeré cactus, tomaré agua sucia de los abrevaderos, o nada en absoluto. Correré y me esconderé de la migra. Les pagaré a los mafiosos lo que tenga que pagarles. Podrán quitarme el dinero, podrán robar a mi familia, podrán encerrarme, pero yo seguiré regresando. Yo seguiré cruzando, una y otra vez, hasta que lo consiga, hasta que esté de nuevo con mi familia. No, no me quedo aquí. Voy a seguir intentando pasar

EPÍLOGO

Una calurosa tarde tejana, a orillas del Parque Nacional de Big Bend, vi a un hombre cruzar a caballo el río Bravo. Después de atravesar la rivera rebosante de algarrobos, el jinete hizo que su caballo remontara la pequeña colina desde donde yo contemplaba el ensombrecido valle. Buenas tardes, lo saludé. Me miró desde su montura. Hablas bien español, me dijo, ¿eres de la migra? No, le respondí. *¿Ranger?* No, le aseguré, sólo soy un turista.

Señalé el pueblo que se extendía al otro lado del río y le pregunté al hombre si vivía en Boquillas. Claro, dijo, rebosante de orgullo. Le pregunté a qué se dedicaba y él señaló con un gesto los suvenires y artesanías puestos a exhibir sin vigilancia sobre las rocas. No hay trabajo, se quejó. Ganamos dinero con los turistas.

Le pregunté si muchos estadounidenses cruzaban para visitar el pueblo. Claro, respondió, Boquillas es muy seguro. Los narcos no nos molestan, y hasta la migra y los *rangers* nos dejan tranquilos. Guardó silencio un instante. Oye, me dijo, hay un buen restaurante en mi pueblo. ¿Sirven desayunos?, le pregunté. Claro, respondió con una sonrisa. Vendré por ti en la mañana.

Mientras el hombre volvía a cruzar el valle, la escarpada Sierra del Carmen —formada por los desplazamientos de los antiguos mares y las incesantes fracturas de la corteza terrestre— ardía, teñida de rosa con las últimas luces de la tarde.

La mañana siguiente, mientras el sol blanco y pálido se elevaba en el cielo del este, me encontré con mi guía a orillas del río. Me indicó que subiera a su caballo y luego, como si fuera cualquier cosa, espoleó al animal para que cruzara el río hacia México. Hablamos poco mientras yo me sujetaba de la parte posterior de la silla y me sacudía al trote de las ancas del caballo. Al pasar frente a las primeras casas de bloque de hormigón de Boquillas, me puse a considerar hasta qué punto mi seguridad dependía de aquel extraño que me conducía a través de las desconocidas y silenciosas calles de su pueblo.

Desayuné solo en un patio sombreado, desde donde pude observar el paso de camiones estruendosos y caballos de aspecto cansino, mientras el pueblo de Boquillas despertaba a un nuevo día. Tras el desayuno, y mientras regresábamos a lomos del caballo hacia la frontera, le pregunté a mi guía por la violencia en las ciudades y pueblos circundantes. El hombre meneó la cabeza. Los delincuentes no vienen a Boquillas. Si se meten con alguien aquí, no llegan vivos ni a la orilla del pueblo. Me miró por encima del hombro. Aquí la ley la hace la gente. Nos cuidamos unos a otros, ¿entiendes?

Cuando el caballo se acercó a la frontera, le pregunté a mi guía por el cruce. ¿No hay cámaras?, quise saber. ¿Sensores? No, dijo él. Está tranquilo. Conforme íbamos acercándonos, inspeccioné con la vista la loma que se alzaba tras la orilla del río, medio esperando escuchar el estruendo de un vehículo o los gritos provenientes de hombres a contraluz, pero lo único que había era el lento serpentear del río, el suave sonido del agua fluyendo en su recorrido por los angostos desfiladeros y las amplias cuencas, por los campos irrigados y las llanuras aluviales, hacia las vastas y relucientes aguas del océano.

Más tarde, aquella misma mañana, salí a explorar el Cañón Boquillas. En el sendero me topé con varios avisos de seguridad. Lleve suficiente agua para beber. Cuidado con las serpientes. No compre artesanías a los vendedores de la frontera. No cruce el río Bravo. Siempre informe a alguien a dónde se dirige y en cuánto tiempo planea regresar.

El sendero que conducía al Cañón Boquillas desembocaba en el final de una ribera, ahí donde el agua se topaba con una pared vertical de piedra caliza. Me quité la camisa e ingresé en la suave corriente del río Bravo; mis músculos se tensaron a causa del frío. Por encima de mi cabeza, las paredes del cañón zumbaban como un generador y dos halcones volaban en círculos en el aire caldeado por el sol. Hundí profundamente mis manos en el húmedo sedimento que se había asentado en el lecho del río. Las aguas del caudal discurrían, pálidas y marrones, tierra líquida bañándome como una multitud de manos humanas, como un piel infinita.

Y mientras nadaba hacia un recodo del cañón, el río se fue volviendo cada vez menos profundo. En una zona iluminada por el sol, dos pejelagartos narigudos, reliquias de la era Paleozoica, nadaban en el agua cenagosa. Me paré para caminar por las dos orillas adyacentes, cruzando el río en repetidas ocasiones cuando uno de los bancos llegaba a su término, hasta que al final, por un breve instante, olvidé en qué país me hallaba parado. A mi alrededor el paisaje vibraba y respiraba como uno solo.

AGRADECIMIENTOS

Por su tutela: Alison Deming, Luis Urrea, Adela Licona, Ander Monson, Fenton Johnson, Chris Cokinos, Manuel Muñoz, Susan Briante, Farid Matuk, Bob Houston, Gary Paul Nabhan, Terry Wimmer, Marcel Oomen, Linda Pietersen, Floris Vermeulen y la totalidad de la facultad de Escritura Creativa de la Universidad de Arizona.

Por su camaradería: Page Bouno, Joseph Bradbury, Jan Bindas-Tenny, Taneum Brambrick, y todos mis colegas de la Universidad de Arizona que estudiaron conmigo el posgrado en Bellas Artes entre 2014 y 2017.

Por conducir fielmente este libro a través del mundo: Rebecca Gradinger, Becky Saletan, Jynne Dilling, Katie Freeman, Stuart Williams, Joe Pickering y el personal de Fletcher & Company, The Bodley Head y Riverhead Books.

Por su estímulo profesional y cuidadosa orientación: Michael Collier, Rick Bass, David Shields, Wndy Walters, Antonio Ruiz-Camacho, John Vaillant, Brian Blanchfield, Valeria Luiselli, Beowulf Sheehan, Molly Molloy, Pedro Serrano y Katherine Silver.

Por haberme guiado gentilmente a través de la escena editorial: Matt Weiland, Geoff Shandler, Jim Rutman, Fiona McCrae, Steve Woodhard, Stephen Morrison, Ben George, Ed Winstead, Ladette Randolph, Robert Atwan, Jonathan Franzen, Scott Gast, H. Emerson

Blake, Jennifer Sahn, Josalyn Knapic, Megan Kimble, Adam Berlin y Jeffrey Heiman.

Por el apoyo financiero y la oportunidad: La Fundación Whiting, el Fondo Katherine Bakeless Nason, el programa Fullbright, el Centro Banff, el Programa Agnese Nelms Haury para Justicia Ambiental y Social, el Instituto de Migración y Estudios Étnicos de la Universidad de Amsterdam y el Instituto de Políticas Migratorias.

Por promover mis tempranas indagaciones sobre la migración y las fronteras: Amy Oliver, Marie Piñeiro, Jack Childs, Daniel Hernández, Todd Eisenstadt, Stephen Randall, Gordon Appleby, Robert Pastor, Margie McHugh, Demetrios Papademetriou y Deborah Mayers.

Por ayudarme a reconectarme con el paisaje de mi juventud: Eric Brunnemann y Elizabeth Jackson del Parque Nacional de la Sierra de Guadalupe.

Por su urgente labor como traductores y poetas: Jen Hofer y John Pluecker.

Por su orientación psicológica y sabiduría continuas: Dr. Stephen Joseph.

Por su generosidad y sentido de pertenencia: Bill Broyles y Kith Marroquin.

Por su amistad: Sarah Steinberg, Scott Buchanan, Daisy Pitkin, Michael Versteeg, Kyle Farley, Addison Matthew, Patrick Callaway, Spenser Jordan Palmer, Kriss Karlsson, Dewey Nelson, Daniel Troup, Ryan Olinger, Harry Manny, Erik y Dan Schmal, Holly Hall, Alyson Head, Ryne Warner, Matthew Thomas, Matthew Chovanec, John Washington, Julian Etienne, Karina Hernández, Stephan Oliver, Yolanda Morales, Citlaly Nava, Carlos Villegas, Víctor Hugo Hernández Rodríguez, Aengus Anderson, Blanca Balderas, y Víctor Hugo Medina, Marike Splint, la familia de Jesús y Carmen López, Byron Cocilovo y el resto de los increíbles amigos y creadores que me han apoyado a lo largo de los años.

Por recibirme en sus vidas a lo largo de tantos años: Kirsten Boele y la familia Boele.

Por sus atenciones, su generosidad de espíritu y por compartir su hermoso hogar, lugar de incalculable solaz creativo: Ron Simmons.

Por los lazos que nos unen: Grace, Daven, Renn Tsalie, Beverly y Laf Young, Trevor Woolf, Susan Bratton y la familia Carr.

A mis tres padres: Charles Simmons, Jack Utter y Al Carr.

Por su compañerismo, su inspiración y su mente luminosa: Karima Walker.